FRENCH *for* BUSINESS

AN INTEGRATIVE APPROACH FOR ADVANCED BEGINNERS

SYLVIE L. F. RICHARDS
NORTHWEST MISSOURI STATE UNIVERSITY

DOMINIQUE VAN HOOFF
SAN JOSE STATE UNIVERSITY

THE MCGRAW-HILL COMPANIES, INC.
COLLEGE CUSTOM SERIES

NEW YORK ST. LOUIS SAN FRANCISCO AUCKLAND BOGOTÁ
CARACAS LISBON LONDON MADRID MEXICO MILAN MONTREAL
NEW DELHI PARIS SAN JUAN SINGAPORE SYDNEY TOKYO TORONTO

McGraw·Hill
A Division of The McGraw·Hill Companies

FRENCH FOR BUSINESS
AN INTEGRATIVE APPROACH FOR ADVANCED BEGINNERS

McGraw-Hill's **College Custom Series** consists of products that are produced from camera-ready copy. Peer review, class testing, and accuracy are primarily the responsibility of the author(s).

3 4 5 6 7 8 9 0 GDP GDP 09 08 07 06 05 04 03 02

ISBN 0-07-052580-3

Editor: Reaney Dorsey
Cover Design: Warren Abbay
Printer/Binder: Greyden Press

HOW TO USE THIS BOOK

A. WHY WE WROTE THIS BOOK.

We have written this book out of a deep conviction that the future of French studies lies in the practical and hands-on application of the language in the global economy. At Northwest Missouri State University, we now offer a B.S. Degree in French for Commerce and Industry which includes a practicum experience in a business with French interests. At San Jose State University, Business French courses are regularly offered. Given our own successes with this curriculum, we wondered why other professionals were not adopting this strategy. We discovered that one reason was a shortage of resources **for beginners** applicable to an American student with the typical problems of second-language acquisition. This book follows our first book *French for Business: An Integrative Approach for Beginners* (McGraw-Hill, 1996). Together, these books provide a curriculum for beginners which addresses this gap.

Each section presents material **in a business setting**. The vocabulary sections are divided into structural groups and present commercial terminology. We present recurring characters so that a familiarity with each character can be developed. The grammar sections complement the dialogues, and the exercises that follow use the commercial vocabulary in each example to reinforce the learning.

The grammar structures are designed to complement the business activity under study and to amplify the student's working knowledge with the material. Other sections are designated as **group work** because most businesses and industries now stress the importance of groups and teams. We believe that directed group work enhances the active learning process in the classroom.

We strongly encourage the use of authentic materials in the classroom. This is certainly one of the best ways to familiarize students with documents relating to doing business in France. We prefer to use these materials to stimulate group work and to create an atmosphere for oral work.

Special care has been given to allow a steady and progressive total immersion in the language. Instructions for exercises are given in French. We encourage you to conduct the class in the target language as much as possible.

Cultural material of a business nature is presented in a section called **Pour en savoir plus**. We offer this additional material to deepen the business knowledge on the topic. Following the cultural sections, we provide **Activités de synthèse** designed to truly integrate the material learned in the chapter. We urge you to leave plenty of time for these sections.

Because we want the students to feel successful at the end of the semester, we have arranged the material so that instructors and students can complete the work without rushing or frustration. Therefore, we have presented material in seven chapters, and we have covered all of the most important advanced beginner grammar structures, including the present, past, and immediate future tenses.

B. Suggestions for Syllabi

- **Semester System:** 15 weeks/5 days per week (75 contact hours)
  8 days for each of the 7 chapters
  1-2 days for the **Activités de synthèse**
  1 day for an exam for each chapter

- **Semester System:** 15 weeks/4 days per week (60 contact hours)
  6-7 days for each of the 7 chapters
  1 day for the **Activités de synthèse**
  1 day for an exam for each chapter

- **Semester System:** 15 weeks/3 days per week (45 contact hours)
  4-5 days for each of the 7 chapters
  1 day for the **Activités de synthèse**
  1 day for an exam for each chapter

How to use this book

- **Quarter System:** 10 weeks/5 days per week (50 contact hours)
  5 days for each of the 7 chapters
  1 day for the **Activités de synthèse**
  1 day for an exam for each chapter
  1 day for review

- **Quarter System:** 10 weeks/4 days per week (40 contact hours)
  3-4 days for each of the 7 chapters
  1 day for the **Activités de synthèse**
  1 day for an exam for each chapter

C. Other Suggestions.

We encourage you to bring in business persons as speakers into your classes, particular those associated with industries doing business in France or in Francophone countries. This will reinforce the practical applications of the book, and it will demonstrate the importance of learning French as part of a global strategy for success.

Furthermore, by building bridges with the business community, you may be able to foster an internship program for your students. A practicum experience can be an invaluable aspect of a student's academic portfolio and can assist him/her with job placement. By increasing the number of successfully placed graduates as a result of taking Business French, you will be increasing the visibility of your program and attracting more students who will want to share in your success story.

Encourage your students to read business publications. If they have Internet access, ask them to search the Internet for up-to-date information on the topics you are covering in class.

We are certain that you will be pleased with the results of using this book with your students.

ACKNOWLEDGEMENTS

We would like to thank our editor Reaney Dorsey at McGraw-Hill for her tireless involvement in the production of this book. We benefited greatly from her expertise and suggestions. She shared our vision from the first time she saw a chapter, and she devoted herself to producing a work that would be useful to students, colleagues, and business persons.

We also wish to thank Steve Culver at McGraw-Hill who was the first to see the possibility of our idea and who brought us to the attention of Reaney Dorsey. Without his initial support, this book would not have been realized in its present form.

Most of all, we wish to thank our families who "lived" with this book as it was being produced. To Dr. Steven G. Greiert and to Christianne Greiert, to Walter Van Hooff and to Franz and Cedric Van Hooff, our heartfelt thank you. Your encouragement and tolerance of the time spent on this endeavor is much appreciated.

This book is a testimonial to a valued and enriching friendship across the miles.

TABLE OF CONTENTS

Table of Contents

CHAPITRE 1

Le Marché et la vente

M. Bonlieu, le Président Directeur Général de la Société Dupont, a réussi à obtenir un contrat de diffusion en Belgique pour sa marque de fromage. Maintenant, il voudrait ou créer une succursale ou persuader une société allemande de distribuer son produit et de faire concurrence aux fromages suisses de haute gamme.

Il a pris rendez-vous à dix heures avec l'ensemble des vendeurs et l'administration des ventes. Le but de l'entretien est d'analyser la concurrence qui existe sur le marché des comestibles, et les obstacles à la vente du produit en Allemagne.

M. Bonlieu: Nous nous assemblons ce matin pour discuter ensemble des conditions du marché allemand. Nous allons faire un diagnostic export pour mesurer d'une manière précise la possibilité de réussite de ce projet. Commençons par une analyse des risques.

M. Albert, directeur du service de marketing: Nous avons étudié le marché allemand et nous avons obtenu des informations à propos de la demande, de l'offre, et de la concurrence. Le nombre de consommateurs de fromage en général est en hausse. Les Allemands croient que le fromage est bon pour la santé. Ils ont l'habitude de consommer du fromage, et ils ont du goût pour le fromage fort. Mais il y a plusieurs concurrents sur le marché allemand, en particulier les Suisses, les Belges, et les Américains. Seuls, les Suisses produisent un fromage de haute gamme. Ils ont un réseau de distribution par circuit très efficace, une politique publicitaire assez conservatrice, et un service après-vente négligeable. Par contre, la réglementation allemande est très stricte. La législation douanière et fiscale nous présente avec des obstacles tarifaires. Donc, il est essentiel de mettre le produit en conformité avec les normes alimentaires allemandes.

M. Bonlieu: Merci pour ce reportage très important. Comment peut-on surmonter les obstacles que M. Albert signale?

Mme. Rousseau, directrice du service de production: Si nous produisons le fromage en France, notre entreprise doit envisager des investissements techniques pour mettre le produit en conformité avec les normes alimentaires allemandes. Si nous produisons le fromage en Allemagne, il faudra négocier une capacité d'emprunt nécessaire pour maintenir la succursale. Il sera aussi important d'engager un cadre allemand et des ouvriers allemands.

M. Bonlieu: Quels sont les avantages et les risques d'une succursale allemande?

M. Maliban, directeur du service financier: Bien sûr, le mark est plus fort que le franc. Donc, un emprunt de fonds pour fonder une succursale peut conduire à des problèmes financiers de trésorerie. À mon avis, pour maintenir notre capacité d'autofinancement pour amorcer et entretenir le cycle d'exploitation, il faut maintenir la production en France. Par contre, l'avantage d'une succursale allemande est le degré d'automatisation dans la production, ce qui nécessite moins d'ouvriers.

M. Claudel, directeur du service d'expéditions: Parce que le réseau de transports est si avancé (le TGV, les autoroutes, les transports aériens), il n'y a aucune raison d'implanter une succursale en Allemagne. Mais il faudra faire attention aux douanes et aux taxes à l'importation qui auront un effet sur le prix du fromage.

Mme. Diderot, directrice du service de publicité: Il s'agit de bien positionner notre produit pour véhiculer une image de marque. Nous devons créer un point d'ancrage pour toute notre publicité afin de fidéliser les consommateurs allemands. Et nous devons tenir compte de la culture alimentaire allemande et du comportement du consommateur.

M. Dufort, directeur du service vente: Nous avons un bon produit, un plan commercial pour le faire connaître, et un ensemble de bons vendeurs pour diffuser le produit. Pour ce projet, je vais sélectionner ceux qui parlent aussi l'allemand.

M. Bonlieu: Je crois que nous sommes d'accord. Il vaut mieux trouver un partenaire allemand pour nous aider à distribuer notre produit. Et il faut faire les démarches nécessaires pour réussir à l'exportation profitable de notre fromage.

VOCABULAIRE

LES NOMS

Masculin	Féminin
un contrat, *a contract*	une succursale, *a branch (office)*
un vendeur, *a salesman*	une vendeuse, *a saleswoman*
un but, *a goal*	une vente, *a sale*
un marché, *a market*	une concurrence, *competition*
les comestibles (pl.), *food products*	une condition, *condition, state*
un obstacle, *an obstacle*	une manière, *way, manner*
un produit, *a product*	une possibilité, *a possibility*
un diagnostic export, *export analysis*	une réussite, *a success*
un projet, *a project*	une analyse, *an analysis*
un ensemble, *a group, a team*	une gamme, *a product line*
un goût, *a taste*	une demande, *a demand*
un risque, *a risk*	une offre, *an offer*
un réseau, *a network*	une réglementation, *a regulation*
un reportage, *a report*	une norme, *a norm*
un investissement, *an investment*	une capacité, *a capacity*
un emprunt, *a loan*	une raison, *a reason*
un cadre, *a manager*	une importation, *importation*
un ouvrier, *a worker*	une ouvrière, *a worker*
des fonds, *funds*	une exploitation, *utilization*
un avantage, *an advantage*	une distribution, *distribution*
un effet, *an effect, a result*	une douane, *an import duty*
un prix, *a price*	une taxe, *a tax*
un ancrage, *an anchor point*	une marque, *a brand name*
un comportement, *behavior*	une démarche, *plan of action*
un partenaire, *a partner*	une trésorerie, *a treasury*

LES VERBES

Première Conjugaison

créer, *to create*

distribuer, *to distribute*

assembler, *to gather, assemble*

présenter, *to present, to show*

signaler, *to point out*

négocier, *to negotiate*

implanter, *to establish, to place*

véhiculer, *to communicate, to transmit*

diffuser, *to spread*

trouver, *to find*

amorcer, *to amortize*

persuader, *to persuade*

analyser, *to analyze*

discuter, *to discuss*

surmonter, *to overcome, surmount*

envisager, *to consider, to examine*

engager, *to employ*

positionner, *to position*

fidéliser, *to make faithful*

sélectionner, *to choose, to select*

mesurer, *to measure, to weigh*

Deuxième Conjugaison

obtenir, *to obtain*

entretenir, *to maintain the upkeep*

maintenir, *to maintain*

réussir (à), *to succeed*

Troisième Conjugaison

croire, *to believe*

mettre, *to put, to place*

LES ADJECTIFS

haut, -e, *high*

fort, -e, *strong*

efficace, *efficient*

conservateur, -trice, *conservative*

strict, -e, *strict*

fiscal, -e [-aux (pl.)], *fiscal*

alimentaire, *consummable*

financier, -ère, *financial*

aucun, -e, *no, none*

nécessaire, *necessary*

prochain, -e, *next*

précis, -e, *precise*

plusieurs (pl.), *many*

publicitaire, *publicity (advertising)*

négligeable, *hardly worth mentioning*

douanier, -ère, *customs*

tarifaire, *pertaining to tarifs*

technique, *technical*

avancé, -e, *advanced*

tout, -e, *all*

profitable, *profitable*

LES EXPRESSIONS

un contract de diffusion, *a distribution contract*
haute gamme, *high quality, high prestige end of product line*
un diagnostic export, *a thorough export analysis*
à propos de (+ noun), *about, concerning*
en hausse, *augmenting*
avoir l'habitude de, *to be in the habit of*
un réseau de distribution par circuit, *a network of distribution routes*
un service après-vente, *after sale service*
en conformité avec, *in line with*
à mon avis, *in my opinion*
par contre, *on the other hand*
faire attention à, *pay attention to*
il s'agit de, *it is about*
tenir compte de, *to keep in mind*
être d'accord avec, *to be in agreement with*

LA GRAMMAIRE

A. Le passé composé (révision):

The **passé composé** indicates a completed action in the past. It is formed by the auxiliary (**avoir** or **être**) plus the past participle of the verb in question. The **passé composé** is one of two most frequently used past tenses in French. The **passé composé** is used to express **completed actions** in the past.

•   **La Formation du Participe Passé:**

The **past participle** is an integral part of the **passé composé**, a compound past tense. By a compound tense, we mean that the verb tense is formed with an **auxiliary** and a **past participle**. Let us first review verbs conjugated with the auxiliary **avoir** plus the past participle.

To form the past participle, drop the infinitive endings and add the following to the radicals:

La Formation du participe passé			
1ère conjugaison:	-er > é	Exemple:	distribuer: distribué
2ème conjugaison:	-ir > i	Exemple:	réussir: réussi
3ème conjugaison:	-re > u	Exemple:	vendre: vendu

A number of commonly used verbs have an **irregular past participle**. It is important that you learn this list of verb forms because they are used very often in commercial French.

Irregular Past Participles	
Infinitive	**Past Participle**
acquérir	acquis
avoir	eu
conclure	conclu
produire	produit
connaître	connu
apparaître	apparu
paraître	paru
courir	couru
tenir	tenu
venir	venu
craindre	craint
joindre	joint
peindre	peint
devoir	dû, due (féminin)
dire	dit
écrire	écrit

être	été
faire	fait
voir	vu
vouloir	voulu
lire	lu
ouvrir	ouvert
offrir	offert
pouvoir	pu
prendre	pris
savoir	su
recevoir	reçu

1. Le Passé composé avec *avoir*

To form the **passé composé** of <u>transitive verbs</u>, that is, verbs that take a <u>direct object</u>, use the present tense of the auxiliary *avoir* plus the past participle of the verb in question. Note the following example.

Distribuer, *to distribute*	
j'ai distribué	nous avons distribué
tu as distribué	vous avez distribué
il a distribué	ils ont distribué
elle a distribué	elles ont distribué
on a distribué	

• **La négation du passé composé**

To negate a **passé composé**, place **ne (n')** before the auxiliary and **pas** after the auxiliary.

Exemple: Je **n'**ai **pas** distribué <u>de</u> produits.

Notice that the indefinite articles and the partitive articles still become **de (d')** after a negation.

- **L'interrogatif inversion du passé composé**

To form the interrogative inversion of the passé composé, invert the subject pronoun and the auxiliary **avoir**.

Exemple: A-t-elle fidélisé des clients?

To form the negation of the inversion, simply put **ne (n')** before the inversion and **pas** after the inversion.

Exemple: N'a-t-elle **pas** fidélisé <u>de</u> clients?

PRATIQUONS!

A. Révisions: Le passé composé avec *avoir*: Écrivez les phrases suivantes au passé composé.

1. Il connaît le vendeur du magasin suisse.

2. Vous lancez un nouveau produit sur le marché.

3. Je ne veux pas un réseau de transport faible.

4. Tu lis ton courriel le matin.

5. Elles ont une réunion importante.

6. M. Bonlieu réussit à obtenir un contrat pour sa marque de fromage.

7. Vous négociez le contrat toute la journée.

8. M. Albert signale un réseau de distribution très efficace.

2. Le Passé composé avec *être*

Intransitive verbs, that is, verbs that do not take a direct object, are conjugated with the auxiliary **être**.

A significant difference between the passé composé with *avoir* and the passé composé **with *être*** is that, with verbs conjugated with *être*, **the past participle agrees in gender and number with the subject**. Note the example below.

	Aller, *to go*	
Singulier	**Masculin**	**Féminin**
1ère pers.	Je suis allé	je suis allée
2ème pers.	Tu es allé	tu es allée
3ème pers.	Il est allé	elle est allée
	On est allé	
Pluriel		
1ère pers.	Nous sommes allés	nous sommes allées
2ème pers.	Vous êtes allé	vous êtes allée
	Vous êtes allés	vous êtes allées
3ème pers.	Ils sont allés	elles sont allées

To form the **negation**, place **ne (n')** before the auxiliary and **pas** after the auxiliary.

Exemple: Tu **n'**es **pas** allé(e) au rendez-vous.

To form the **interrogative inversion**, invert the subject pronoun and the auxiliary.

Exemple: Sommes-nous allés(es) au bureau?

- **Les Verbes intransitifs**

The following verbs are **always** conjugated with **être** in the passé composé.

Infinitive	Past Participle	
aller	allé	
arriver	arrivé	
devenir	devenu	
entrer	entré	
mourir	mort	*to die*
naître	né	*to be born*
partir	parti	
rester	resté	
retourner	retourné	*to return*
revenir	revenu	
tomber	tombé	*to fall*
venir	venu	

The following verbs can be conjugated with **either** *avoir* or *être*.

Infinitive	Past Participle	
descendre	descendu	*to go down, descend*
monter	monté	*to go up, ascend*
sortir	sorti	
rentrer	rentré	*to come in, come back*
passer	passé	*to pass*

When it is **transitive,** then the verb is conjugated with **avoir**. In this case, there is no agreement with the subject. The verb follows all of the rules of verbs conjugated with **avoir**.

> **Exemple:** Il **a** monté une politique publicitaire.

When it is **intransitive**, then the verb is conjugated with **être**. In this case, there is agreement with the subject. The verb follows all of the rules of verbs conjugated with **être**.

> **Exemple:** Elle **est** rentrée de Paris.

PRATIQUONS!
En utilisant le plus de verbes au passé composé conjugués avec *avoir* et *être*,
expliquez l'emploi du temps de M. Bonlieu la semaine dernière.
ATTENTION AUX ACCORDS! (exercice écrit et oral).

Lundi	
8:00	
9:00	
10:00	
11:00	
12:00	
13:00	
14:00	
15:00	
16:00	
17:00	

Mardi	
8:00	
9:00	
10:00	
11:00	
12:00	
13:00	
14:00	
15:00	
16:00	
17:00	

Mercredi	
8:00	
9:00	
10:00	
11:00	
12:00	
13:00	
14:00	
15:00	
16:00	
17:00	

Jeudi

8:00

9:00

10:00

11:00

12:00

13:00

14:00

15:00

16:00

17:00

Vendredi

8:00

9:00

10:00

11:00

12:00

13:00

14:00

15:00

16:00

17:00

B. Les verbes *tenir* and *venir*

The verbs **tenir** and **venir** are second conjugation verbs, but they are not formed with second conjugation endings. Note the formation of each verb.

- **TENIR**

<table>
<tr><td colspan="2" align="center">*Tenir,* to have, to hold</td></tr>
<tr><td>Singulier</td><td>Pluriel</td></tr>
<tr><td>1ère pers. Je tiens</td><td>nous tenons</td></tr>
<tr><td>2ème pers. Tu tiens</td><td>vous tenez</td></tr>
<tr><td>3ème pers. Elle tient</td><td>elles tiennent</td></tr>
<tr><td>Il tient</td><td>ils tiennent</td></tr>
<tr><td>On tient</td><td></td></tr>
</table>

<table>
<tr><td colspan="2" align="center">Other Verbs Conjugated Like *tenir*</td></tr>
<tr><td>obtenir, *to obtain*</td><td>contenir, *to contain*</td></tr>
<tr><td>maintenir, *to maintain*</td><td>retenir, *to retain*</td></tr>
</table>

- **VENIR**

<table>
<tr><td colspan="2" align="center">*Venir,* to come</td></tr>
<tr><td>Singulier</td><td>Pluriel</td></tr>
<tr><td>1ère pers. Je viens</td><td>nous venons</td></tr>
<tr><td>2ème pers. Tu viens</td><td>vous venez</td></tr>
<tr><td>3ème pers. Elle vient</td><td>elles viennent</td></tr>
<tr><td>Il vient</td><td>ils viennent</td></tr>
<tr><td>On vient</td><td></td></tr>
</table>

```
┌─────────────────────────────────────────────────────────────────┐
│              Other Verbs Conjugated Like venir                    │
│                                                                   │
│  convenir à, to be in agreement, fit      parvenir, to achieve, to arrive │
│  revenir, to return                        prévenir, to prevent   │
│  devenir, to become                                               │
└─────────────────────────────────────────────────────────────────┘
```

Note: **Devenir** + profession: no article before the noun.

        Exemple: Il devient comptable.

PRATIQUONS!

A. Complétez les phrases suivantes avec les verbes entre parenthèses.

1.   Elle _____ des informations à propos de la demande. (Obtenir)
2.   Ils _____ un réseau de distributions. (Maintenir)
3.   Il _____ à surmonter des obstacles tarifaires. (Parvenir)
4.   Cette publicité _____ au marché allemand. (Convenir)
5.   Vous _____ du rendez-vous. (Revenir)

B. Tranformez les phrases suivantes en phrases interrogatives en utilisant l'inversion.

1.   Il maintient la capacité d'autofinancement de l'entreprise.
2.   Ce produit convient aux consommateurs belges.
3.   Le reportage contient des informations à propos de la concurrence.
4.   Elle obtient une analyse des risques.
5.   Vous revenez le mois prochain.
6.   Tu deviens directeur du service de marketing.

•   Le passé récent: *VENIR DE + INFINITIF*

        To express the **recent past**, the French use a form of **venir** + **de (d')** + **infinitive**.

        Exemple: Tu viens d'obtenir des informations à propos des concurrents.
                        Elle vient de présenter un reportage important.

- **Negation of the passé récent:**

Place **ne** before the conjugated form of **venir** and **pas** after it.

  Exemple: Nous **ne** venons **pas** de signaler les obstacles.

- **The interrogative inversion of the passé récent:**

The conjugated form of **venir** is inverted with the subject pronoun.

  Exemple: Vient-il de mesurer la possibilité de réussite?
  Ne vient-il **pas** de mesurer la possibilité de réussite?

PRATIQUONS!
A. Transformez les phrases suivantes au passé récent.

1. Le directeur du service de marketing positionne le produit.

2. Le service après-vente fidélise le client.

3. J'envisage un degré d'automatisation.

4. Nous n'engageons pas le directeur.

5. Vous croyez que le fromage est bon pour la santé.

6. Le consommateur trouve la réglementation très stricte.

7. Ce projet met le produit en conformité avec les normes alimentaires.

8. Je négocie un nouveau contrat.

9. Elle persuade une société de distribuer le produit.

10. Vous ne discutez pas de la législation douanière.

B. Mettez les phrases suivantes au présent.

1.   Elle vient de négocier un contrat.

2.   Vous venez de fonder une succursale.

3.   Le partenaire vient de distribuer le produit.

4.   Nous venons d'envisager des investissements techniques.

5.   L'agence vient de positionner notre service.

6.   Ils viennent de véhiculer une image de marque.

7.   On vient de sélectionner ceux qui parlent allemand.

8.   Elle vient de mesurer la possibilité de réussite.

9.   Nous venons de surmonter les obstacles.

10.   Elles viennent d'assembler le groupe.

C. Le futur proche (révision)

The **futur proche** is used to indicate an immediate action in the future. It is formed by using **aller** in he present form followed by the infinitive of the verb in question.

•   **Le verbe *aller***

The verb **aller** is irregular in the first conjugation. Note the forms of each person.

Aller, *to go*		
	Singulier	**Pluriel**
1ère pers.	Je vais	Nous allons
2ème pers.	Tu vas	Vous allez
3ème pers.	Il va	Ils vont
	Elle va	Elles vont
	On va	

• Le Futur proche: *Aller* + Infinitif

To express the **immediate future**, we use a form of **aller** followed directly by an infinitive.

> **Exemple:** Elle obtient des informations.
> Elle va obtenir des informations.

To negate a **futur proche**, simply put **ne** before the conjugated form of *aller* and **pas** after the conjugated form of *aller*.

> **Exemple:** Ils **ne** vont **pas** étudier le marché allemand.

PRATIQUONS!

A. Remplissez les blancs en utilisant le verbe qui convient de la liste suivante et conjuguez les verbes suivants au futur immédiat:
envisager--créer--faire--se réunir--sélectionner--être--prendre.

1. Notre entreprise-------------------- des changements.
2. Le mark--------------------- plus fort que le franc.
3. Il--------------------des employés qui parlent l'allemand.
4. Vous-------------------- ce matin.
5. Ils------------------- un service après-vente.
6. Nous--------------------un diagnostic.
7. Je--------------------un rendez-vous à dix heures.

B. (Exercice oral) Relisez le dialogue au début du chapitre et dites ce que vont faire les participants à la réunion en utilisant le plus possible de verbes au futur immédiat:

Exemple: M. Bonlieu <u>va téléphoner</u> à son ami Helmut, chasseur de têtes (headhunter) à Munich et <u>il va demander</u> des renseignements supplémentaires sur de nouveaux réseaux de distributeurs efficaces dans son pays...

D. Le futur simple

The **futur simple** is used to express an action in the future. It constrasts with the **futur proche** which expresses an action that will take place shortly in the immediate future.

To form the **futur simple**, simply take the infintive of the verb for the first and second conjugation verbs, and add the endings for the **futur simple**. For third conjugation verbs, drop the final **-e** of the infinitive before adding the endings of the **futur simple**.

Négocier	Offrir	Vendre
je négocierai	j'offrirai	je vendrai
tu négocieras	tu offriras	tu vendras
il négociera	il offrira	il vendra
elle négociera	elle offrira	elle vendra
on négociera	on offrira	on vendra
nous négocierons	nous offrirons	nous vendrons
vous négocierez	vous offrirez	vous vendrez
ils négocieront	ils offriront	ils vendront
elles négocieront	elles offriront	elles vendront

Exemple: Nous négocions un nouveau contrat. (Present tense)
Nous négocierons un nouveau contrat la semaine prochaine.
(Future tense)

PRATIQUONS!
A. Conjuguez les verbes entre parenthèses au futur:

1. Elle (choisir) un produit haute gamme.

2. (Obtenir)-tu un contrat de diffusion en Belgique?

3. Il (s'agir) de créer une succursale importante en Allemagne.

4. Nous (persuader) une société allemande de distribuer nos produits.

5. Je (faire) attention à la qualité du nouveau produit.

6. Ils ne pas (avoir) de problèmes de trésorerie.

7. Vous (maintenir) un prix raisonnable.

8. Nous ne pas (mettre) une réglementation stricte.

9. Tu (devoir) tenir compte des habitudes alimentaires des consommateurs.

10. Nous (obtenir) des résultats satisfaisants.

B. Complétez avec imagination les phrases suivantes en utilisant des verbes conjugués au futur simple:

1. Quand la Société Dupont deviendra internationale..............

2. Quand M. Bonlieu prendra sa retraite (will retire)..........

3. Quand nous pourrons communiquer parfaitement en français..........

4. Quand nous n'aurons plus de problèmes financiers..........

5. Quand le franc sera une monnaie forte..........

6. Quand il y aura une récession..........

7. Lorsque vous négocierez un contrat..........

C. C'est le premier janvier, vous êtes PDG de votre entreprise et vous décidez de changer quelques règles de la société. Expliquez en employant le futur simple:

> **exemple: A partir du (starting...) 1er janvier le travail commencera à 7h30...etc...**

1. À partir du...

2. À partir du...

3. À partir du...

4. À partir du...

5. À partir du...

6. À partir du...

7. À partir du...

E. Les verbes impersonnels [*il faut, il y a, il s'agit de, il est nécessaire, il est essentiel, il faut, il est important*]

Impersonal verbs are conjugated only in the third person singular, masculine form. The proper translation is "it." The infinitive of the verb is in bold print.

Quelques Verbes impersonnels

il faut (**falloir**), *it is necessary*
il est possible de + infinitive, *it is possible to*
il est nécessaire de + infinitif, *it is necessary to*
il est interdit de + infinitif, *it is forbidden to*
il est permis de + infinitif, *it is allowed (permitted) to*
il est recommander de + infinitif, *it is recommended to*

PRATIQUONS!

A. Vous recevez un memo incomplet de votre patron, vous devez finir les phrases en vous inspirant de la liste de vocabulaire au début du chapitre:

1. Il s'agit de..........
2. Il faut..........
3. Il y a..........
4. Il est nécessaire..........
5. Il est important........

B. (Exercice Oral) Choisissez les verbes impersonnels de l'exercice A pour répondre aux questions suivantes:

1. Quelle est notre société en Belgique? (la Société Novatum)
2. Que dit le contrat? (surmonter les difficultés financières)
3. Y-a-il des centres commerciaux en France?
4. Devons-nous faire de la publicité pour des produits haut de gamme?
5. Doivent-ils être d'accord?

F. Les adjectifs *aucun, tout*

Indefinite adjectives are used to indicate a certain number that remains unspecified. They agree in gender and number with the nouns they modify.

- **Tout**

The adjective *tout* is used in a general sense to mean *each*. It is used without an article before the noun.

Tout, *each*		
	Singulier	**Pluriel**
Masculin	tout	tous
Féminin	toute	toutes

Exemple: Toute publicité fait connaître un produit ou un service.

- **Aucun**

The negative adjective *aucun* agrees in <u>gender</u> with the noun it modifies. It is **<u>always</u>** singular, and so any noun modified by *aucun* becomes singular.

Aucun, *none*		
Singulier		
Masculin aucun	**Féminin**	aucune

Exemple: Tous les consommateurs croient que le fromage est bon.
Aucun consommateur croit que le fromage est bon.

NOTE: The verb must agree in number with the subject. Therefore, the verb becomes third person singular.

PRATIQUONS!

A. Utilisez l'adjectif *aucun* et *tout* dans deux phrases séparées:
        Exemple: Aucune réglementation ne limite ce marché.
                    Toute réglementation limite ce marché.

1. _____ entretien va réussir.

   _____ entretien _____ va réussir.

2. Ils ____ ont _____ garantie pour ce produit.
   Ils ont _____ garantie pour ce produit.

3. _____ produit non conforme n'est pas distribué.
   _____ produit non conforme _____ est distribué.

4. M. Bonlieu est en réunion, il peut être dérangé à _____ moment.
   M. Bonlieu est en réunion, il ____ peut être dérangé à _____ moment.

5. _____ reportage est important.
   _____ reportage _____ est important.

B. Utilisez l'adjectif indéfini *aucun* avec les noms suivants.

1. _____ service.
2. _____ domaine.
3. _____ solution.
4. _____ fluctuation.
5. _____ commande.

C. Utilisez l'adjectif indéfini *tout* avec les noms suivants.

1. _____ rayons.
2. _____ négociation.
3. _____ décisions.
4. _____ prix.
5. _____ marques.
6. _____ réseaux.

7.   _____ pouvoir.
8.   _____ assortissements.
9.   _____ tache.
10.   _____ début.

I. Les pronoms relatifs *qui, que, ce qui, ce que*

Relative pronouns are used to combine two sentences that each contain <u>a common element</u>. The relative pronoun joins the two sentences together by replacing the common element.

The first sentence becomes the **main clause**. The second sentence becomes the **dependent clause**. The relative pronoun replaces the common element in the **dependent clause**.

The common element in the main clause is called the **antécédent.** The relative pronoun and the dependent clause will be placed directly after the antecedent in the combined sentence.

• **QUI**

If the common element in the dependent clause is in **subject** position, then we replace the common element with **qui**.

Le pronom relatif *qui*

Exemple: M. Bonlieu a pris un rendez-vous avec <u>Mme Diderot</u>. (main)
<u>Mme Diderot</u> est directrice du service de publicité. (Dependent)

M. Bonlieu a pris un rendez-vous avec <u>Mme Diderot</u> **qui** est directrice du service de publicité.

Note: The verb that follows *qui* is always in agreement with the antécédent.

Exemple: C'est **moi** <u>qui</u> **obtiens** le contrat de diffusion.

- **QUE**

If the common element in the dependent clause is in **direct object** position, then we replace the common element with **que**.

Le pronom relatif *que*

Exemple: Le service des ventes a préparé un plan commercial. (Main)
M. Dufort dirige le service des ventes. (Dependent)

Le service des ventes **que** M. Dufort dirige a préparé un plan commercial.

Note: Que becomes **qu'** before a noun or pronoun beginning with a vowel or a muted -h.

- **CE QUI**

Ce qui is used to replace an entire thought or sentence which is used as the common element and antecedent. The **ce** is used to indicate the presence of an entire thought or sentence. We use **ce qui** to indicate that the complete thought or sentence now functions as the **subject** of the relative clause.

Exemple: Ce logo est **ce qui** représente nos activités commerciales.

- **CE QUE**

Ce que is used to replace an entire thought or sentence which is used as the common element and antecedent. The **ce** is used to indicate the presence of an entire thought or sentence. We use **ce que** to indicate that the complete thought or sentence now functions as the **object** of the relative clause.

Exemple: Cet assortissement est **ce que** notre marque propose pour votre magasin.

PRATIQUONS!

A. Les pronoms relatifs *qui, que, ce qui, ce que*: Reliez les deux phrases par le pronom relatif qui convient:

Exemple: Il fabrique des fromages. Les consommateurs aiment ses
              fromages.
          Il achète des fromages que les consommateurs aiment.

1. M. Albert signale des problèmes. Les problèmes peuvent être discutés.

2. Pour accroître votre réseau, il faut une solution. Cela maintiendra vos commandes.

3. Les produits sont trop chers. Nous ne pouvons pas risquer de pertes [losses].

4. Il va formuler des solutions. Ces solutions permettent un contrat de diffusion.

5. Les Suisses produisent un fromage de haute gamme. Ils consomment ce fromage.

6. M. Bonlieu est un PDG [CEO] généreux. Les employés apprécient M. Bonlieu.

POUR EN SAVOIR PLUS..... Les Trois Secteurs

In France, the market economy has been traditionally divided into what the French call **les trois secteurs** [the three sectors]. A reference to one of these sectors is a French business person's shorthand for describing the type of commerce or service in which a particular **société** engages.

- **Le secteur primaire** [the primary sector]. In this sector are all of the activities associated with the **direct use of natural resources**. The following are associated with this sector:
  - agriculture **[l'agriculture]**
  - fishing **[la pêche]**
  - hunting **[la chasse]**

- **Le secteur secondaire** [the secondary sector]. In this sector are all of the activities associated with the **transformation of natural resources** gathered from the primary sector. These include:
  - agribusiness **[l'entreprise agro-alimentaire]**
  - mining and petrolium **[les mines, l'exploitation pétrolière]**, although certain economists consider these to be part of the primary sector. Economists who classify these industries in the secondary sector view them as the first phase of a transformational process.

- **Le secteur tertiaire** [the tertiary sector]. In this sector are found the bulk of the economic activities, such as:
  - commerce **[le commerce]**
  - transportation **[les transports]**
  - banking **[les banques]**
  - insurance **[les assurances]**
  - service activities **[les services]**
    - professional services **[les professions libérales]**
      - lawyers **[les avocats, les avocates]**
      - CPAs **[les expert-comptables]**
      - driver trainers **[les exploitants d'auto-écoles]**
      - archtects **[les architectes]**

- health care services [**les services de santé**]
- education [**l'éducation**]
- research [**la recherche**]
- domestic help [**les services domestiques**]
- cultural activities [**l'animation culturelle**]

It is interesting to see how, as France's economy has evolved and modernized, there has been a dramatic shift in worker population from the first sector to the third sector. Now that we are in the information age, will France's economy evolve into a fourth sector? Only time will tell.

Activités de synthèse:

A. (Activité en groupe) Votre société désire distribuer ses produits dans un autre pays qui fait partie de l'Union Européenne. Chaque personne dirigera un service de la société. Créez un petit dialogue qui analyse la concurrence qui existe pour vos produits dans ce pays. Présentez votre dialogue à la classe.

B. Votre société agro-alimentaire est basée à Montpellier. Vous voulez créer une succursale à Lyon.Écrivez une lettre au directeur de la Chambre de Commerce à Lyon pour obtenir des renseignements.

CHAPITRE 2

La Vente et la distribution

M. Dufort, directeur du service vente pour la société Dupont, a rassemblé ses vendeurs pour discuter des méthodes de vente et des réseaux de distribution possible dans le marché alimentaire allemand. Il est nécessaire que le service prenne des décisions qui arrivent à une stratégie de distribution.

M. Dufort: La société Dupont désire pénétrer le marché allemand. Notre tâche est de formuler une stratégie de distribution possible pour cette expansion proposée.

Mme Beaumont: Il me semble que la solution la plus simple soit la vente en magasin de libre-service. Notre point de vente sera donc les commerces indépendants.

M. Dufort: Est-ce que vous conseillez un commerce indépendant isolé?

Mme Beaumont: Seulement pour les petites villes et les villages où le commerçant est bien connu. Pour les villes de moyenne taille, je conseille les commerces indépendants associés, comme notre Intermarché. Nous pouvons bénéficier des franchises et des coopératives de commerçants.

M. Dufort: Et pour les grandes villes? Conseillez-vous la distribution à travers les commerces intégrés?

Mme Beaumont: Absolument. Nous jouissons déjà de bonnes relations avec certaines coopératives de consommateurs. Il faut aussi que nous rentrions en relations commerciales avec des maisons à succursales dans le domaine alimentaire pour que nous puissions exploiter un grand nombre de points de vente.

M. Dufort: Très bien. Et que pensez-vous de la vente en entreprise?

M. Tricoter: Je vous propose que nous visitions les commerces indépendants et les commerces intégrés pour être certain que notre place sur le rayon alimentaire soit assez large et que notre assortiment de produits soit maintenu. Cette solution est désirable parce que nous aurons une valeur ajoutée assez forte.

M. Dufort: Je suis d'accord avec votre analyse. Et que pensez-vous de la vente à distance?

M. Moreau: Je crois qu'elle fera partie de la stratégie intégrale. Il est nécessaire que la commande puisse être expédiée par courrier, par courriel, par téléphone ou par télécopie. Nous pouvons donc réagir rapidement aux fluctuations du marché allemand.

M. Dufort: Ceci dit, comment envisagez-vous les réseaux de distribution?

Mlle Arnaud: Je crois qu'au début nous devons avoir une distribution exclusive dans des points de vente très contrôlés pour promouvoir l'image d'un fromage de haut de gamme. On pourra avoir des concessionnaires exclusifs ou des franchises exclusives qui nous permettront de surveiller de très près les conditions de vente, comme le prix et le service.

M. Constantin: Je préfère la distribution sélective avec des points de vente agréés, comme des boutiques alimentaires spécialisées ou des magasins de comestibles de haut de gamme. Ceci nous permettra de maintenir notre image de marque haute gamme, tout en tenant compte de la valeur ajoutée par les investissements techniques envisagés pour mettre le produit en conformité avec les normes alimentaires allemandes et par les taxes à l'importation.

Mme Laporte: Il faut aussi considérer la distribution intensive à cause de la concurrence sur le marché allemand. Notre pouvoir de négociation risque d'être très petit. À mon avis, il faudra un marketing mix provocant pour accroître la notoriété du produit en face d'une concurrence internationale et d'une concurrence de marques nationales.

M. Dufort: Merci pour vos analyses. Je vais présenter un reportage complet à M. Bonlieu et je vais consulter le service de marketing.

VOCABULAIRE

LES NOMS

Masculin

un réseau, *a branch, an avenue*
un service, *a division, a department*
un magasin, *a store*
un commerce, *a commercial business*
un village, *a village*
un domaine, *an area*
un rayon, *a shelf, an aisle*
un courrier, *the mail*
un courriel, *e-mail*
un concessionnaire, *a concession owner*
le prix, *the price*
un pouvoir, *power*
un assortiment, *an assortment*
un début, *a beginning*

Féminin

une méthode, *a method*
une décision, *a decision*
une ville, *a city*
une taille, *a size*
une coopérative, *a cooperative*
une solution, *a solution, answer*
une valeur, *a value*
une télécopie, *a fax*
une commande, *an order*
une boutique, *a shop*
une marque, *a brand name*
une négociation, *negotiation*
une tâche, *a task*
une fluctuation, *fluctuation*

LES VERBES
Première conjugaison

rassembler, *to assemble*
résulter, *to result, to end up*
bénéficier, *to benefit (from)*
rentrer, *to enter*
proposer, *to propose*
surveiller, *to watch over*

discuter, *to discuss*
pénétrer, *to penetrate (markets)*
conseiller, *to counsel*
exploiter, *to profit from*
formuler, *to formulate*
risquer, *to risk*

Deuxième conjugaison

jouir, *to enjoy*
réagir, *to react*

maintenir, *to maintain*

Troisième Conjugaison

permettre, *to allow*

accroître, *to increase*

LES ADJECTIFS

proposé, -e, *proposed*
isolé, -e, *single-standing*
associé, -e, *affiliated*
désirable, *desirable*
expédié, -e, *expedited*
intensif, -ve, *intensive*
complet, -ète, *complete*

indépendant, -e, *independent*
moyen, -ne, *average*
intégré, -e, *integrated, mixed*
fort, -e, *strong*
exclusif, -ve, *exclusive*
provocant, -e, *provocative*

LES ADVERBES

absolument, *absolutely*
seulement, *only*
aussi, *also*

bien, *well*
assez, *enough*
très, *very*

LES EXPRESSIONS

à travers de, *through*
en tenant compte de, *keeping in mind*
à mon avis, *in my opinion*
en face de, *in the face of*
un magasin en libre-service, *a self-service store*
un commerce indépendant isolé, *an independently owned small business*
un commerce indépendant associé, *an independently owned affiliated business*
une coopérative de commerçants, *a cooperative of small businessmen (often agricultural)*
un commerce intégré, *a chain store*
la valeur ajoutée, *added value measured by production costs minus indirect costs of production*
le point de vente, *point of sale*
le point de vente agréé, *a point of sale in specialized stores only to preserve the image of a product*

LA GRAMMAIRE

A. Le Subjonctif

The **subjonctif** is a ***mode***. Up to this point, all of the tenses that you have been using (the present tense, the *passé composé*, the *imparfait*, the *futur simple*) have been under the **indicative mode**; that is, the verb of the indicative mode indicates or points out an action. The **subjonctif** is a mode with its own tenses. The difference is that the verbs are used to express the subjective issues of life, such as **doubt, desire, wishes, and feelings**.

In this chapter, you will learn how to use the subjonctive mode for business purposes. Though personal feelings are generally not expressed in business situations, other feelings (such as doubt and will) are part of daily business speculation and planning.

Here are the main differences between the indicative and the subjonctive mode:

•   The **subjonctif** occurs most often in a <u>dependent</u> clause;

•   The clause containing the verb conjugated in the **subjonctif** is introduced by the **conjunction *que***;

•   The subject of the main clause is not the same as the subject of the dependent clause.

B. Le Subjonctif Présent: la formation

The **subjonctif présent** is formed by taking the **third person plural form of the present indicative verb**, dropping the -ent, and adding the endings of the **subjonctif présent**.

We shall consider the regular formation of the **subjonctif présent** in this section. Note that the verb endings are the same for all three conjugations.

Formuler (ils formulent)	Réagir (ils réagissent)	Permettre (ils permettent)
que je formule	que je réagisse	que je permette
que tu formules	que tu réagissses	que tu permettes
qu'elle formule	qu'elle réagisse	qu'elle permette
qu'il formule	qu'il réagisse	qu'il permette
que nous formulions	que nous réagissions	que nous permettions
que vous formuliez	que vous réagissiez	que vous permettiez
qu'elles formulent	qu'elles réagissent	qu'elles permettent
qu'ils formulent	qu'ils réagissent	qu'ils permettent

C. Quelques verbes irréguliers au subjonctif

Though there are a number of verbs with irregular formations in the **subjonctif présent**, we shall concentrate on only a few useful verbs which are most often found in business communications.

- *Être* and *Avoir*

Être	Avoir
que je sois	que j'aie
que tu sois	que tu aies
qu'il soit	qu'il ait
qu'elle soit	qu'elle ait
que nous soyons	que nous ayons
que vous soyez	que vous ayez
qu'ils soient	qu'ils aient
qu'elles soient	qu'elles aient

- ***Vouloir* et *Pouvoir***

Vouloir	Pouvoir
que je veuille	que je puisse
que tu veuilles	que je puisses
qu'elle veuille	qu'elle puisse
qu'il veuille	qu'il puisse
que nous **voul**ions	que nous puissions
que vous **voul**iez	que vous puissiez
qu'elles veuillent	qu'elles puissent
qu'ils veuillent	qu'ils puissent

- ***Aller* et *Faire***

Aller	Faire
que j'aille	que je fasse
que tu ailles	que tu fasses
qu'il aille	qu'il fasse
qu'elle aille	qu'elle fasse
que nous **all**ions	que nous fassions
que vous **all**iez	que vous fassiez
qu'ils aillent	qu'ils fassent
qu'elles aillent	qu'elles fassent

- ***Savoir***

Savoir	
que je sache	que nous sachions
que tu saches	que vous sachiez
qu'il sache	qu'ils sachent
qu'elle sache	qu'elles sachent
qu'on sache	

PRATIQUONS!

A. Écrivez les verbes entre parenthèses au subjonctif. Formez une phrase complète.

1. Il me semble que nous (désirer) de nombreux points de vente.

2. Il faut que tu (proposer) un autre plan de vente.

3. Elles veulent que vous (discuter) des commerces intégrés.

4. Je souhaite que vous (finir) le projet de coopération avec Intermarché.

5. Il est nécessaire qu'elles (réussir) à établir un réseau de distribution.

6. Tu ne veux pas que nous (visiter) les commerces indépendants.

7. Il est nécessaire que tu (prendre) une décision rapidement.

8. Nous regrettons qu'elle ne (maintenir) pas la qualité du produit.

9. Il faut que tu (permettre) notre point de vente.

10. Vous souhaitez qu'ils (obtenir) la permission nécessaire pour développer votre réseau de distribution.

11. Je doute qu'ils (venir) à la réunion du Conseil d'Administration.

B. Utilisez les verbes irréguliers entre parenthèses au présent du subjonctif. Faites une phrase complète.

1. Nous doutons qu'ils (pouvoir) exploiter le réseau.

2. Il est nécessaire que nous (aller) au magasin.

3. Il est important que vous (avoir) des marques indépendantes.

4.   Il faut qu'elles (vouloir) des magasins en libre-service.

5.   Il faut qu'ils (faire) des prix forts.

6.   Je suis étonné que tu (n'avoir) pas mon courriel.

7.   Bien qu'il (aller) au bureau assez tôt [early], il te téléphonera.

8.   Elle est heureuse que nous (savoir) où se trouvent les coopératives de consommateurs.

9.   Il est possible qu'il (être) dans le courrier.

D. Le verbe *bénéficier* au subjonctif

Verbs that end in **-ier**, like **bénéficier**, retain the **i** throughout the conjugation. This results in double **ii** in the *nous* and *vous* forms.

Bénéficier	
que je bénéficie	que nous bénéficiions
que tu bénéficies	que vous bénéficiiez
qu'il bénéficie	qu'ils bénéficient
qu'elle bénéficie	qu'elles bénéficient
qu'on bénéficie	

Other Verbs like *bénéficier*	
négocier, *to négociate*	varier, *to vary*
apprécier, *to appreciate*	justifier, *to prove, justify*
rectifier, *to rectify, set straight*	étudier, *to study*
vérifier, *to verify*	remercier, *to thank (again)*
identifier, *to identify*	

PRATIQUONS!

A. Conjuguez les verbes entre parenthèses au présent du subjonctif. Faites une phrase complète.

1.   Il faut que nous (rectifier) ce courriel.

2.   Il est important que vous (vérifier) ces rayons.

3.   Je doute qu'ils (négocier) cette commande.

4.   Tu ne crois pas que nous (bénéficier) de prix désirables.

5.   Il faut que nous (justifier) notre commande isolée.

B. Mettez les phrases l'exercice A au singulier.

1.

2.

3.

4.

5.

E. Le subjonctif: l'emploi

In French, the subjunctive mode in used in specialized ways to express necessity, emotions, obligations, doubts, etc. The following charts and lists of expressions will help you to understand the usage of the subjunctive. Be certain to learn these expressions well so as to be able to distinguish the usage of the subjunctive mode from the indicative mode.

- **To express necessity:**

The **subjonctif présent** is used in dependent clauses following these expressions of necessity:

Expressions of Necessity

il faut que, *one (you) must, have to*
il ne faut pas que, *one (you) must not, do not have to*
il est nécessaire que, *it is necessary that*
il n'est pas nécessaire que, *it is not necessary that*
il est important que, *it is important that*
il n'est pas important que, *it is not important that*
il est utile que, *it is useful that*
il n'est pas utile que, *it is not useful that*

Exemple: <u>Il est nécessaire que</u> **nous formulions** une stratégie de distribution.

PRATIQUONS!

A. Utilisez une expression de nécéssité à la forme affirmative pour compléter les phrases suivantes:

1. _____que nous envisagions d'autres solutions.
2. _____que tu fasses des réseaux de distribution.
3. _____qu'elle permette un libre-service.
4. _____que vous accroissiez le domaine indépendant.
5. _____que je réagisse bien.

B. Utilisez les expressions de nécéssité de l'exercice A à la forme négative.

1. _____que nous envisagions d'autres solutions.
2. _____que tu fasses des réseaux de distribution.
3. _____qu'elle permette un libre-service.
4. _____que vous accroissiez le domaine indépendant.
5. _____que je réagisse bien.

C. Utilisez les expressions de nécéssité de l'exercice A à la forme interrogative.

1. _____que nous envisagions d'autres solutions.
2. _____que tu fasses des réseaux de distribution.
3. _____qu'elle permette un libre-service.
4._____que vous accroissiez le domaine indépendant.
5. _____que je réagisse bien.

- **To express obligation:**

    The following expressions of obligation require the use of the subjunctive in the dependent clause:

┌───┐

Expressions of obligation

il est urgent que, *it is urgent that*
il n'est pas urgent que, *it is not urgent that*
il vaut mieux que, *it is better that*
il ne vaut pas mieux que, *it is not better that*

└───┘

Exemple: Il vaut mieux que **nous bénéficiions** des coopératives de commerçants.

PRATIQUONS!

A. Finissez les phrases suivantes:

1.   Il est urgent que _____

2.   Il n'est pas urgent que _____

3.   Il vaut mieux que _____

4.   Il ne vaut pas mieux que _____

• **To express a desire or wish:**

When the verb in the main clause expresses a desire or a wish, then the subjunctive is required in the dependent clause. The following verbs will cause the use of the subjunctive mode:

Verbs of Desire or Wish

aimer, *to love, to like*
aimer mieux, *to like better, to prefer*
préférer, *to prefer*
demander, *to ask*
désirer, *to want, to desire*
souhaiter, *to wish, to hope for*

Exemple: <u>Je veux que</u> **nous rentrions** en relations commerciales avec cette entreprise.

NOTE: The verb **espérer** (to hope for) <u>never</u> takes the subjunctive mode.
Exemple: J'espère que nous pourrons avoir une distribution exclusive.

• **To express doubt:**

The subjunctive is used in clauses that follow the following verbs in the main clause expressing doubt:

Verbs Expressing Doubt

douter, *to doubt*
ne pas penser, *not to think so*
ne pas croire, *not to believe*
il est douteux, *it is doubtful*
il n'est pas sûr, *it is not sure*

Exemple: <u>Je ne pense pas que</u> **vous puissiez** réagir rapidement aux fluctuations du marché allemand.

PRATIQUONS!

A. Vous assistez à la réunion de M. Dufort, directeur du service des ventes et de ses vendeurs pour discuter des méthodes de vente et des réseaux de distribution possible sur le marché alimentaire allemand. Imaginez les remarques des participants qui utilisent les expressions suivantes:

1.   Il est dommage que...

2.   Croyez-vous que...

3.   Nous doutons que...

4.   Je suis désolé que...

5.   Bien que...

6.   Il est probable que...

7.   Nous souhaitons que...

8.   J'espère que...

9.   Nous voulons que...

- **To express emotions:**

Verbs in the main clause that express emotions such as fear, joy, happiness, sadness, anger, and regret take the subjunctive in the dependent clause.

Verbs of Emotions

avoir peur, *to fear*
être content(e), *to be happy, to be content*
être heureux/heureuse, *to be happy*
être triste, *to be sad*
être furieux/furieuse, *to be angry, furious*
être fâché(e), *to be angry*
regretter, *to regret*

Exemple: <u>Je suis content(e) que</u> **vous présentiez** un reportage
complet.

PRATIQUONS!

A. Conjuguez les verbes entre parenthèses qui expriment l'émotion. Faites des phrases complètes.

1. Elle (être) furieuse que tu exploites ce réseau.

2. Nous (être) contents qu'elle propose une solution.

3. Je (regretter) qu'il n'ait pas la télécopie.

4. Vous (être) triste qu'il ne fasse pas attention au prix.

5. Tu (être) fâché que nous discutions à propos de la méthode.

6. Je (avoir) peur que les prix soient en hausse.

B. Refaites les phrases en choisissant des verbes d'émotion qui disent <u>le contraire</u> des verbes de l'exercice A.

1. Elle (être) furieuse que tu exploites ce réseau.

2. Nous (être) contents qu'elle propose une solution.

3. Je (regretter) qu'il n'ait pas la télécopie.

4. Vous (être) triste qu'il ne fasse pas attention au prix.

5. Tu (être) fâché que nous discutions à propos de la méthode.

6. Je (avoir) peur que les prix soient en hausse.

F. Les Conjonctions et le subjonctif

Certains conjugations are followed by the subjunctive. The following table contains the most frequently used of these conjunctions.

Les Conjonctions suivies du subjonctif
à condition que, *provided that, on the condition that* jusqu'à ce que, *until* pour que, afin que *so that, in order that* avant que, *before* sans que, *without* pourvu que, *as long as, provided that* à moins que, *unless* bien que, quoique que, *although*

PRATIQUONS!

A. Remplacez les blancs par les conjonctions qui conviennent:

bien que-- pourvu que-- à condition que-- jusqu'à ce que-- pour que.

1.   Ils créent des marchés_____ vous obteniez des contrats.

2.   Nous proposons un investissement_____elles obtiennent des fonds.

3.   Tu exploites les importations_____les taxes soient négligeables.

4.   Nous offrons des prix négligeables_____nous fidélisions la clientèle.

5.   _____vous ayez des réseaux efficaces, vous créez plusieurs nouvelles succursales.

B. Faites des phrases originales en utilisant les conjonctions suivantes:

1.   afin que

2.   avant que

3.   à moins que

4.   sans que

5.   jusqu'a ce que

6.   à condition que

7.   pour que

RÉVISION: L'indicatif vs. Le subjonctif. Utilisez le subjonctif ou l'indicatif selon le cas. Faites une phrase complète.

1.   J'espère que tu (proposer) un commerce indépendant.

2.   Il pense que nous (avoir) de succursales dans le domaine alimentaire.

3.   Il regrette que M. Bonlieu ne pas (venir) à la convention sur les produits alimentaires.

4.   Pour que tu (pouvoir) prendre une semaine de congé [vacation] tu dois travailler un an.

5.   Je m'étonne que tu ne pas (recevoir) ton courriel.

6.   A mon avis, il a peur que nous (savoir) la réaction aux fluctuations du marché.

7.   Il est possible que vous (bénéficier) des franchises et des coopératives de commerçants.

8.   Je ne crois pas que ce (être) la solution la plus simple.

9.   Il est probable qu'elles (vouloir) rencontrer le directeur des ventes.

10.   Il faut que les consommateurs (connaître) les produits.

POUR EN SAVOIR PLUS.... The Product Life Cycle [Le cycle de vie du produit]

More than a quarter century ago, Marshall MacLulan in his book *Understanding Media* made the now famous remark that "the message is the medium." Advertisers and sales departments in France have since taken that slogan to heart. From a country whose businesses were primarily family owned or community cooperatives, France has moved into the multinational dimension of corporate advertising. This has required a new marketing strategy designed by a new cadre of media specialists.

When designing a good marketing mix, it is important to know where the product is in the **product life cycle [*le cycle de vie du produit*]**. For each phase of the product cycle, there exists a different kind of marketing strategy.

- **lancement** [launching]: in this product phase, several key elements of the marketing mix take place:
  - creation of a distribution network;
  - selection of price level;
  - an important publicity drive.

Selection of an appropriate price level is a very significant driver in this phase. If a high price is selected, you are aiming for a high socio-economic public. The marketing strategy is termed **une stratégie d'écrémage**, that is, taking the cream from the top. If a low price is selected, then the marketing strategy is termed **une stratégie de pénétration**, or a market penetration strategy. During this product phase, profits are rarely realized.

- **développement** [development]: this is the growth phase of the product cycle. The publicity is designed to maintain customer awareness of the product [**la notoriété**]. There is usually an expansion in this distribution network during this phase as well. During this phase, the product begins to show a profit.

- **maturité** [mature]: "New and improved" versions of the product are generally introduced in this phase, requiring new publicity strategies. The publicity is aimed at keeping the loyal customer [**publicité d'entretien**] while expanding market share through the improvements. A price restructuring may also occur in this phase. This is the most profitable phase of the product cycle. Companies will typically reinvest some of their profits into research and development of new products in anticipation of the next product phase.

- **déclin** [decline]: In this phase, sales are sluggish and profits are reduced. If a company has not reinvested in research and development of new products, then it will experience severe retrenchment and downsizing, leading to possible bankruptcy [**faire banqueroute**].

Activités de synthèse:

A. [Activité en groupe] Allez chez Wal-Mart ou K-Mart et trouvez le plus grand nombre de produits français possible. Pour chaque produit, analysez:

- la place sur le rayon
- le prix
- les concurrents

Faites un reportage oral et écrit pour présenter à la classe.

B. Vous êtes un distributeur américain de Peugeot à Detroit. Vous avez reçu une lettre de la part du directeur du service des ventes. Il veut savoir pourquoi vos ventes sont en déclin. Répondez à votre directeur, et expliquez-lui votre situation commerciale.

CHAPITRE 3

Le Marketing Mix

M. Albert, directeur du service de marketing, doit préparer un reportage complet pour M. Dufort et M. Bonlieu à propos du positionnement possible du fromage Dupont en Allemagne. Il consulte Mme Diderot, directrice du service de publicité.

M. Albert: Examinons ensemble les moyens de communication qui vont nous permettre d'atteindre notre objectif: la distribution rentable du fromage Dupont en Allemagne.

Mme Diderot: Quel budget publicitaire prévoyez-vous pour lancer ce produit à l'étranger?

M. Albert: Nous prévoyons un budget de 5 millions de francs. Nous savons que nous aurons des frais supplémentaires pour la traduction de nos communications, et à cause du cours de l'argent.

Mme Diderot: D'accord. Si notre objectif est la notoriété, nous aurons besoin de publicité médias. Nous aurons besoin de spots télévisés bien placés et avec une répétition assez puissante. Il faudra accentuer la couverture avec des diffusions multiples pour toucher un maximum de personnes. Nous voulons aussi tenir compte des chaînes câblées et des chaînes diffusées par satellite en Allemagne. À mon avis, il faut prévoir un budget de 1.5 millions de francs. Il ne faut pas oublier la presse magazine et la presse professionelle. Je prévois un budget d'un million de francs pour annoncer le produit et pour réagir aux annonces de la concurrence.

M. Albert: Et si notre objectif est l'information, que devons nous ajouter au marketing mix?

Mme Diderot: Alors, à la publicité médias, nous ajouterons la mercatique directe par fichiers, par routage, par téléphone, et par publipostage aux distributeurs en Allemagne. Ceci coûtera au moins 400.000 FF.

M. Albert: Qu'est-ce que vous envisagez pour promouvoir notre image de marque de haut de gamme?

Mme Diderot: Si la Société Dupont veut considérer un parrainage avec peut-être un bon vin allemand, nous pourrons nous faire connaître comme une marque de haut de gamme. Aussi, nous pouvons monter un stand dans un salon professionnel gastronomique pour les distributeurs. Pour installer et munir un stand dans un salon gastronomique, il nous faudra au moins 500.000 FF.

M. Albert: Comme vous le savez, le consommateur allemand a déjà établi des préférences pour nos concurrents. Que peut-on faire pour changer le comportement du consommateur allemand?

Mme Diderot: Alors, nous pouvons faire de la publicité sur le lieu de vente. Nous pouvons aussi inciter le consommateur à gouter un échantillon du produit pour les décider à acheter notre fromage. Je vous conseille de ne pas utiliser de concours, de couponnage, ni de prime pour lancer ce produit. Ces moyens de promotion nuiront à notre image.

M. Albert: Merci beaucoup pour vos conseils. Je crois que votre équipe publicitaire va réussir à bien lancer notre produit en Allemagne.

VOCABULAIRE

LES NOMS

Masculin	Féminin
un positionnement, *a positioning*	une traduction, *a translation*
un moyen, *a means*	la publicité, *advertising*
un objectif, *an objective, goal*	la notoriété, *name recognition*
un fichier, *an ad flyer*	la couverture, *coverage*
un frais, *a cost*	une diffusion, *diffusion, spread*
un routage, *a selective bulk-mail*	une chaîne, *a channel (TV, cable, etc)*
un publipostage, *an ad mailing*	la presse, *the press*
un parrainage, *product linking*	une annonce, *an ad*
un stand, *a booth*	la mercatique, *marketing*
un salon, *exhibition, show*	une prime, *a bonus, prize, premium*
un comportement, *behavior*	une préférence, *a preference, liking*
un lieu, *a place*	une vente, *a sale*
un concours, *a contest*	une équipe, *a team*
un couponage, *coupons*	
un conseil, *advice*	

LES VERBES

Première conjugaison

préparer, *to prepare*	consulter, *to consult*
examiner, *to examine, investigate*	accentuer, *to accent, underscore*
toucher, *to touch, reach*	oublier, *to forget*
ajouter, *to add*	coûter, *to cost*
considérer, *to consider*	monter, *to set up*
changer, *to change*	installer, *to install*
essayer, *to try, attempt*	

Deuxième conjugaison

prévoir, *to foresee, forecast*	réagir, *to react*

munir, *to furnish, stock*   établir, *to establish*

Troisième conjugaison

permettre, *to allow*   atteindre, *to achieve*
nuire, *to harm, hurt, be detrimental*   connaître, *to know*

LES ADJECTIFS

rentable, *profitable*   gastronomique, *gastronomical (food)*
puissant, -e, *powerful*   supplémentaire, *supplemental*

LES EXPRESSIONS

à l'étranger, *abroad*
à cause de + noun, *because of*
le cours de l'argent, *currency exchange*
avoir besoin de, *to need*
tenir compte de, *take into account*
faire connaître, *make known*
la publicité sur le lieu de vente (PLV), *on-site advertising*

LA GRAMMAIRE

A. Le verbe *changer*

First conjugation verbs like **changer** that end in **-ger** retain the **-e** before the **-ons** ending in the first person plural **nous** form. This change is necessary in order to retain the soft *g* sound.

Changer, *to change*

	Singulier		Pluriel
1ère pers.	Je change		nous changeons
2ème pers.	Tu changes		vous changez
3ème pers.	Elle change		elles changent
	Il change		ils changent
	On change		

Other Verbs like *changer*

exiger, *to require*	arranger, *to arrange*
manger, *to eat*	voyager, *to travel*
envisager, *to envisage, consider*	engager, *to engage, to employ*
rédiger, *to edit*	diriger, *to direct, manage*
corriger, *to correct*	

B. Le verbe *lancer*

First conjugation verbs like **lancer** that end in **-cer** change the **c** to a **ç** in the first person plural **nous** form. This is necessary in order to maintain the soft **c** sound before the **-ons**.

Lancer, *to launch*

Singulier		**Pluriel**
1ère pers.	Je lance	nous lançons
2ème pers.	Tu lances	vous lancez
3ème pers.	Elle lance	elles lancent
	Il lance	ils lancent
	On lance	

Other Verbs like *lancer*

commencer, *to begin*   placer, *to place*
amorcer, *to amortize*   avancer, *to advance*
annoncer, *to announce*

C. Le verbe *considérer*

First conjugation verbs like **considérer** have accent changes in the first and second persons singular, and the third person singular and plural. Stress is placed on the accented **-e** when pronouncing the verb.

Considérer, *to consider*

Singulier		**Pluriel**
1ère pers.	Je considère	nous considérond
2ème pers.	Tu considères	vous considérez
3ème pers.	Elle considère	elles considèrent
	Il considère	ils considèrent
	On considère	

Other Verbs like *considérer*

espérer, *to hope for*   gérer, *to manage*

D. Le verbe *connaître*

The verb *connaître* (to know) has an **accent circonflexe** on the **infinitive** and on the **third person singular**.   Note the conjugation.

Connaître

	Singulier	Pluriel
1ère pers.	Je connais	Nous connaissons
2ème pers.	Tu connais	Vous connaissez
3ème pers.	Elle connaît	Elles connaissent
	Il connaît	Ils apparaissent
	On connaît	

Other Verbs Conjugated like *connaître*

apparaître, *to seem, to appear to*
paraître, *to show, to appear*
reconnaître, *to recognize*

PRATIQUONS!

A. Complétez les phrases avec une forme du verbe entre parenthèses.

1.   L'annonce _____ dans la presse. (Apparaître)
2.   Vous _____ ce lieu. (Connaître)
3.   Ces projets _____ très profitables. (Paraître)
4.   Le nom de la société doit _____ sur le contrat. (Apparaître)
5.   Nous _____ les avantages d'une succursale. (Connaître)

B. Répondez affirmativement ou négativement aux questions suivantes.

1.   Connaissez-vous M. Bonlieu?
2.   Reconnaissez-vous cette marque?
3.   Est-ce qu'une analyse des risques apparaît dans le diagnostic export?
4.   Paraissent-ils professionnels?
5.   Connaissez-vous les services de l'agence de publicité?

E. *Connaître* vs. *Savoir*

The verb **savoir** means *to know*. It has an irregular conjugation.

Savoir		
Singulier		**Pluriel**
1ère pers.	Je sais	nous savons
2ème pers.	Tu sais	vous savez
3ème pers.	Elle sait	elles savent
	Il sait	ils savent
	On sait	

- **The difference between *savoir* et *connaître***

  - **Savoir:**

    - means to know a fact

      Exemple: Tu sais son nom.

    - is often followed by the conjuction **que**, or an adverb like **où, pourquoi, comment,** and **quand**.

      Exemple: Tu sais que je dois travailler.

- means "how to" do something. In this case, it is used with an infinitive.

Exemple: Je sais archiver les dossiers.

- it is **never used with people**.

• **Connaître**

- means "to be familiar with"
- it is used with **people** and **places.**

Exemple: Je connais Paris.
Elle connaît Mme Diderot.

PRATIQUONS!

A. *Savoir* ou *connaître*? **Complétez les phrases suivantes.**

1. Tu _____ comment monter un stand.
2. Il _____ M. Dufort.
3. Mme Diderot _____ Toulose.
4. Je _____ la publicité.
5. Vous _____ le directeur du service d'expéditions.

B. Faites des phrases avec *savoir* **ou** *connaître* **et les mots suivants.**

1. Le directeur du service vente
2. Le lieu
3. L'équipe
4. La gamme
5. Comment analyser une offre
6. Les réglementations
7. La mercatique
8. Utiliser un publipostage
9. Le but de votre démarche
10. Comment négocier un contrat

F. Les pronoms objets directs.

Direct object pronouns in French replace nouns in **direct object** position in the sentence. They agree in person, gender, and number with the nouns they replace.

Les Pronoms Sujets		**Les Pronoms Objets Directs**	
Singulier			
1ère pers.	Je	me	(m')
2ème pers.	Tu	te	(t')
3ème pers.	Il	le	(l')
	Elle	la	(l')
1ère pers.	Nous	nous	
2ème pers.	Vous	vous	
3ème pers.	Ils	les	
	Elles	les	

Direct object pronouns are placed directly before the verb in the sentence. In the singular, they elide before verbs beginning with a vowel or a muted **-h**.

Exemple: À la publicité médias, nous ajouterons <u>la mercatique directe.</u>
À la publicité médias, nous **l'**ajouterons.

In the case of compound tenses, such as the **passé composé**, the direct object pronoun is placed before the auxiliary. REMEMBER: only transitive verbs take direct object pronouns. Therefore, only verbs conjugated with *avoir* in the passé composé will be transitive and take a direct object. **The past participle will agree in gender and number with the preceding direct object pronoun.**

Exemple: À la publicité médias, nous **l'**avons ajoutée.

PRATIQUONS!

A. Remplacez les mots soulignés par les pronoms compléments d'objet direct *le, la,* ou *les*.

1.   Il appelle <u>le service après-vente.</u>

2.   Elle crée <u>le réseau de distribution.</u>

3.   Il surmonte <u>les obstacles importants.</u>

4.   Nous maintenons <u>la production</u> en France.

5.   Vous négociez <u>les comestibles.</u>

6.   J'étudie <u>le comportement des consommateurs.</u>

7.   Maintiennent-ils <u>les tarifs douaniers?</u>

B. Refaites le même exercice en conjuguant les verbes <u>au passé composé</u>. Attention à l'accord du participe passé avec avoir.

1.   Il appelle <u>le service après-vente.</u>

2.   Elle crée <u>le réseau de distribution.</u>

3.   Il surmonte <u>les obstacles importants.</u>

4.   Nous maintenons <u>la production</u> en France.

5.   Vous négociez <u>les comestibles.</u>

6.   J'étudie <u>le comportement des consommateurs.</u>

7.   Maintiennent-ils <u>les tarifs douaniers?</u>

G. Le Comparatif des noms.

In marketing, it is often necessary to compare a company's product to a competitor's. The comparative of **nouns** is often used to create this contrast. Note the forms of the comparative of nouns.

Plus de

Moins de   } Noun }   que }   second term of comparison

Autant de

Le Comparatif des noms

(+) plus de... que   L'annonce a **plus de** slogans **que** le
                                             spot publicitaire.

(-) moins de...que   L'affiche a **moins de** mots **que**
                                             la brochure.

(=) autant de ...que   Le slogan montre **autant d'**originalité **que**
                                             la phrase.

•   The **que** will elide before a noun or a pronoun beginning with a vowel or a muted -h.

  Liliane est plus efficace **qu'**Henri, mais Henri est plus
            original **qu'**elle.

PRATIQUONS!

A. Utilisez le comparatif d'égalité, d'infériorité et de supériorité pour chaque phrase suggérée. Faites une phrase complète.

1.   La Société Dupont a des revenus. La banque Populaire a des revenus aussi.

2.   M. Bonlieu a des clients. M. Terada a des clients aussi.

3.   Mme Rousseau a des employés. M. Albert a des employés aussi.

4.   La Société Dupont a des succursales allemandes. La société Matuvu a des succursales allemandes aussi.

5.   L'agence a des offres d'emploi. La succursale a des offres d'emploi aussi.

B. Comparez les produits alimentaires, industriels, touristiques, etc... De deux régions, deux pays différents. Utilisez le plus possible de comparatifs d'égalité, d'infériorité, de supériorité..

PAYS #1	PAYS #2

POUR EN SAVOIR PLUS.... Le Marketing Mix

When planning a promotion campaign, there are several key planning items that must be considered. To correctly assess the current market for solid product penetration, the following points must be evaluated.

- **Product [le produit]:**
    - characteristics [**les caractéristiques**]
    - image [**l'image**]
    - brand [**la marque**]
    - presentation [**la présentation**]
    - product line [**la gamme**]

- **Price [le prix]:**
    - demand for the product [**la demande**]
    - competition and competitors [**la concurrence**]
    - production costs [**les coûts**]
    - regulatory constraints [**les contraintes réglémentaires**]

- **Promotion [la promotion]:**
    - publicity [**la publicité**]
    - sales promotion [**les promotions des ventes**]
    - public relations [**les relations publiques**]

- **Distribution [la distribution]:**
    - selection of distribution channels [**le choix des réseaux**]
    - mastery of distribution channels [**la maîtrise des réseaux**]

All of these contribute to the effective placement of a product in order to maximize both product life and profits. French companies are particularly sensitive to the competitive and regulatory pressures of other Economic Community market rivals. Thus a thorough review of all elements of the marketing mix must be undertaken before a new product is launched.

Activités de synthèse:

A. [Activité en groupe] Votre entreprise produit des stylos (pens). Vous avez un budget publicitaire de 150 000 FF. Votre objectif est l'information. Formulez un marketing mix. Présentez votre analyse à la classe.

B. [Activité en groupe] Votre entreprise loue des voitures de location. Vous avez un budget publicitaire de 350 000 FF. Votre objectif est la notoriété. Formulez un marketing mix. Présentez votre analyse à la classe.

CHAPITRE 4

Les Grands Médias

Mme Diderot, directrice du service de publicité, explique à une stagière, Mlle Arnaud, la fonction des grands médias en France pour la diffusion des messages à propos d'un produit.

Mlle Arnaud: Quels sont les médias traditionnels?

Mme Diderot: Il y a cinq grands médias traditionnels en France: la presse, l'affichage, la radio, la télevision, et le cinéma. En général, nous dépensons à peu près 40% de notre budget publicitaire qui est consacré à ces médias.

Mlle Arnaud: Parlez-moi de la presse.

Mme Diderot: La presse est le média le plus souvent utilisé par les services de publicités. La presse quotidienne nationale offre un nombre limité de journaux comme *Le Figaro*, *Le Monde*, *Info-Matin*, *Libération*, et *France-Soir*. En plus, il y a la presse quotidienne régionale qui consiste en soixante-six titres. La presse régionale nous offre une formule de prix que nous appelons le 66-3: trois parutions d'une annonce dans soixante-six titres.

Mlle Arnaud: Moi-même, je lis plutôt la presse magazine.

Mme Diderot: C'est un secteur très animé et important. On peut grouper les titres en "familles." Par exemple, pour la mode féminine, il y a *Elle* et *Marie-Claire*. Pour les actualités, nous préférons *L'Express*. Et pour l'économie et l'argent, il y a *Capital* et *L'Expansion*.

Mlle Arnaud: Et pour l'affichage?

Mme Diderot: En général, nous investissons entre 10% et 15% de notre budget publicitaire dans l'affichage. Le grand format est la forme la plus importante. Les panneaux dans les grandes villes nous permettent des supports de prestige. Les afficheurs les plus importants sont Avenir, Dauphin, Giraudy, Marignan, et More O'Ferral.

Mlle Arnaud: Est-ce que vous passez des annonces à la radio?

Mme Diderot: Mais oui. La radio est toujours un média important. La plupart des foyers en France en ont une. On peut établir un contact avec un public varié, et le message lui sera répété sur des tranches horaires. De cette manière, la notoriété peut être effectuée rapidement. Donc, on utilise la radio pour lancer un nouveau produit. Par contre, la variété de postes rend le placement des spots difficile.

Mlle Arnaud: Et quand utilisez-vous la télé?

Mme Diderot: On utilise la télé pour valoriser les produits et les marques. Aussi l'aspect visuel de ce média nous permet de faire des démonstrations. Nous y investissons presqu'un tiers de notre budget publicitaire. Au moins 95% des foyers en ont une, ce qui peut nous donner une pénétration assez importante.

Mlle Arnaud: Vous avez mentionné le cinéma. Est-ce un média important?

Mme Diderot: De nos jours, le cinéma est un média moins important. Moins de 50% des Français assistent à un film chaque année, et la plupart des Français qui y vont sont jeunes, urbains, et bien éduqués. Nous utilisons ce média pour leur signaler une marque, et quand nous avons besoin d'une sélectivité géographique.

LE VOCABULAIRE

LES NOMS

Masculin	Féminin
un média, *a medium (of advertising)*	une parution, *a printing*
un journal, *a newspaper*	une annonce, *an ad*
un titre, *a title*	la presse, *the press*
un prix, *a price*	la mode, *fashion*
un magazine, *a magazine*	une économie, *an economy*
un secteur, *a sector*	les actualités, *the news*
l'argent, *money*	l'affichage, *billboards*
un format, *a format*	une formule, *a formula*
un panneau, *a panel*	une tranche, *a slice*
un support, *a support*	une marque, *a brand*
le prestige, *prestige*	une stagière, *an intern*
un afficheur, *a poster hanger*	
un foyer, *a household*	
un poste, *a station*	
un tiers, *a third*	

LES VERBES
Première conjugaison

expliquer, *to explain*	dépenser, *to spend*
consacrer, *to dedicate*	grouper, *to group*
répéter, *to repeat*	lancer, *to launch*
mentionner, *to mention*	assister (à), *to attend*

Deuxième conjugaison

offrir, *to offer, present*	investir, *to invest*
établir, *to establish*	

Troisième conjugaison

lire, *to read*   rendre, *to make, render*

LES ADJECTIFS

traditionnel, -le, *traditional*   animé, -e, *animated*
publicitaire, *publicity*   féminin, -e, *feminine*
quotidien, -ne, *daily*   varié, -e, *diverse*
national, -e, *national*   effectué, -e, *effected*
régional, -e, *regional*   visuel, -le, *visual*
jeune, *young*   urbain, -e, *urban*
éduqué, -e, *educated*   chaque, *each*

LES EXPRESSIONS

à propos de + noun, *about*
à peu près, *close to, about*
plutôt, *instead*
la plupart des, *most of*

LA GRAMMAIRE

A. L'IMPARFAIT (Révision)

To express **ongoing actions** in the past, or to describe **states of being,** or to describe **conditions** in the past, the French use the **imperfect tense**. It is usually used along with the passé composé, but the tenses are not interchangeable.

To form the **imparfait**, drop the **-ons** of the **nous** form of the verb and add the highlighted endings.

Arriver (nous arrivons)		
	Singular	**Plural**
1ère pers.	J'arriv**ais**	nous arriv**ions**
2ème pers.	Tu arriv**ais**	vous arriv**iez**
3ème pers.	Il arriv**ait**	ils arriv**aient**
	Elle arriv**ait**	elles arriv**aient**
	On arriv**ait**	

As we have seen in previous chapters, certain verbs have an irregular first person plural form. The result is an irregular imperfect construction.

Here are some of these irregular imperfect constructions. These verbs can be used as models for verbs with the same highlighted ending.

L'Imparfait irrégulier		
Infinitive	**Present tense (nous)**	**Imparfait**
annon**cer**	nous annonçons	j'annonçais nous annoncions vous annonciez
appeler	nous appelons	j'appelais

rectifier	nous rectifions	je rectifiais
		nous rectifiions
		vous rectifiiez
corriger	nous corrigeons	je corrigeais
		nous corrigions
		vous corrigiez
envoyer	nous envoyons	j'envoyais
joindre	nous joignons	je joignais

B. LA CONCONDANCE DES TEMPS

How can we distinguish when to use the **passé composé** and the **imparfait**? In English, this difference in past tenses does not exist, and so the difference in usage must be gathered from the context. Here are some useful hints.

- Use the **imparfait** in the following instances:

  - to describe what was going on
  - to describe the conditions surrounding the event (such as the weather, timing, descriptions of the setting, etc.)

- Use the **passé composé** in the following instances:

  - to say what happened
  - to talk about events considered complete in the past

C. Le verbe *répéter*

Verbs like **répéter** which have an *accent aigu* on the penultimate -e change that accent to an *accent grave* in the first, second, and third persons singular and the third person plural.

Répéter		
	Singulier	**Pluriel**
1ère pers.	Je répète	nous répétons
2ème pers.	Tu répètes	vous répétez
3ème pers.	Elle répète	elles répètent
	Il répète	ils répètent
	On répète	

Other Verbs like *répéter*	
régler, *to settle (an issue)*	suggérer, *to suggest*
compléter, *to complete*	considérer, *to consider*

PRATIQUONS!

A. Complétez la phrase par le verbe qui convient. puis écrivez de nouveau la phrase au pluriel:
régler--répéter--compléter--suggérer--considérer

1.   Je _____ l'annonce.
2.   Tu _____ la facture.
3.   Il _____ le formulaire.
4.   Elle _____ un prix avantageux.
5.   Tu _____ l'offre.

B. Écrivez de nouveau les phrases de l'exercice A au pluriel:

1.

2.

3.

4

5.

C. Refaites le même exercice en utilisant le passé composé.

1. Je _____ l'annonce.
2. Tu _____ la facture.
3. Il_____ le formulaire.
4. Elle_____ un prix avantageux.
5. Tu _____ l'offre.

D. Refaites le même exercice à l'imparfait.

1. Je _____ l'annonce.
2. Tu _____ la facture.
3. Il_____ le formulaire.
4. Elle_____ un prix avantageux.
5. Tu _____ l'offre.

E. Refaites le même exercice au futur simple.

1. Je _____ l'annonce.
2. Tu _____ la facture.
3. Il_____ le formulaire.
4. Elle_____ un prix avantageux.
5. Tu _____ l'offre.

D. Le Verbe *lire* (to read)

The verb *lire* is a third conjugation verb, but its forms are irregular.

Lire, *to read*		
	Singulier	**Pluriel**
1ère pers.	Je lis	Nous lisons
2ème pers.	Tu lis	Vous lisez
3ème pers.	Il lit	Ils lisent
	Elle lit	Elles lisent
	On lit	

Other Verbs Conjugated Like *Lire*	
dire, *to say*	élire, *to elect*
prédire, *to foresee, to forecast*	

PRATIQUONS!

A. Conjuguez les verbes entre parenthèses.

1.   Nous (lire) des journaux français.

2.   Vous (prédire) des reportages animés.

3.   Ils ne pas (écrire) des courriels quotidiens.

4.   Elles (élire) des publicitaires conservatrices.

B. Refaites le même exercice en écrivant les phrases <u>au passé composé</u>.

1.   Nous (lire) des journaux français.

2.   Vous (prédire) des reportages animés.

3.   Ils ne pas (écrire) des courriels quotidiens.

4.   Elles (élire) des publicitaires conservatrices.

C. Refaites le même exercice en écrivant les phrases à l'imparfait.

1.   Nous (lire) des journaux français.

2.   Vous (prédire) des reportages animés.

3.   Ils ne pas (écrire) des courriels quotidiens.

4.   Elles (élire) des publicitaires conservatrices.

D. Refaites le même exercice en utilisant le futur simple.

1.   Nous (lire) des journaux français.

2.   Vous (prédire) des reportages animés.

3.   Ils ne pas (écrire) des courriels quotidiens.

4.   Elles (élire) des publicitaires conservatrices.

E. Refaites le même exercice en utilisant le singulier.

1.   Nous (lire) des journaux français.

2.   Vous (prédire) des reportages animés.

3.   Ils ne pas (écrire) des courriels quotidiens.

4.   Elles (élire) des publicitaires conservatrices.

E. Les Pronoms objets indirects

Indirect object pronouns replace nouns that are in indirect object position in the sentence. They agree in person and number with the nouns they replace. In French, indirect object pronouns are used to replace **à + a person.** Note the relationship among the different pronouns in the chart below.

Pronoms Sujets		Pronoms Objets Directs		Objets Indirects	
Singulier					
1ère pers.	Je	me	(m')	me	(m')
2ème pers.	Tu	te	(t')	te	(t')
3ème pers.	Il	le	(l')	lui	
	Elle	la	(l')	lui	
Pluriel					
1ère pers.	Nous	nous		nous	
2ème pers.	Vous	vous		vous	
3ème pers.	Ils	les		leur	
	Elles	les		leur	

Exemple: Je réponds <u>à Mme Diderot.</u>

Je **lui** réponds.

Certain verbs take the preposition **à** as part of their verb form. Therefore, these verbs are likely to have an indirect object when followed by **a person.**

Quelques verbes qui prennent un objet indirect

parler à, *to speak to*
répondre à, *to answer*
demander à, *to ask*
donner à, *to give to*
envoyer à, *to send to*
rendre à, *to give back to*
poser (une question) à, *to ask (a question) of*

rendre visite à, *to visit (a person)*
téléphoner à, *to phone*
dire à, *to tell*
écrire à, *to write to*
montrer à, *to show to*
prêter à, *to loan to*

PRATIQUONS!

A. Soulignez les noms compléments d'objet indirect et remplacez-les par des pronoms complément d'objet indirect s'il y a lieu. Faites des phrases complètes.

> **Exemple:** M. Albert téléphone <u>à son collègue allemand</u>.
> M. Albert **lui** téléphone.

1.   Nous signalons aux producteurs des erreurs.

2.   Ils ont donné un budget à M. Albert.

3.   Vous vous êtes parlé à la dernière réunion.

4.   Conseilles-tu à nos consommateurs un produit haut de gamme?

5.   Elle va demander l'information à Mme Diderot.

6.   Vous distribuerez les échantillons (sample) aux consommateurs.

7.   Je propose à M. Albert des contrats intéressants.

9.   Tu ne vas pas envoyer ton C.V au directeur du personnel.

10.   Il a distribué des brochures aux employés de la société Dupont.

F. L'Ordre des pronoms directs et indirects.

Both direct and indirect object pronouns are placed before the verb. In cases where both are used in the same sentence, the direct object is placed first with the indirect object following.

In cases of negation, the **ne** is placed before the direct object pronoun, and the **pas** is placed after the verb.

In compound tenses, such as the **passé composé**, the direct and indirect object pronouns are placed before the auxiliary.

PRATIQUONS!

A. Remplacez les pronoms compléments d'objet direct et indirect par des noms. Faites des phrases complètes.

> **Exemple:**   Mme Diderot les lui donne.
> Mme Diderot donne les dossiers à son collègue.

1.   Je ne les prévois pas.

2.   Tu les leur a demandés.

3.   Nous allons les obtenir.

4.   L'as-tu trouvé?

5.   Vous les lui conseillez.

6.   Elles les leur ont distribuées.

7.   Le sait-on?

8.   Vous me les avez donnés.

9.   Il les lui téléphonera.

10.   Nous les ajouterons.

G. Les pronoms *y* et *en*
•   *Y*

The personal pronoun **y** replaces expressions of location introduced by the prepositions **à**, **chez**, **en**, **dans**, **sur**, etc. It corresponds to the English *there*. Like other personal object pronouns, **y** is placed before the verb or before the auxiliary in a compound tense. There is no agreement of the past participle.

> **Exemple:**   M. Bonlieu assiste <u>au salon professionnel</u>.
> M. Bonlieu **y** assiste.
> M. Bonlieu **y** a assisté.

We have already seen the pronoun **y** in the expression **il y a**.

In an **infinitive construction**, the **y** is placed before the infinitive.

Exemple: M. Bonlieu veut assister <u>au salon professionnel</u>.
M. Bonlieu veut **y** assister

• *EN*

The pronoun **en** replaces nouns in direct object position introduced by the articles **du**, **de la**, **de l'**, **des**, and the **de** after negation. It is placed before the verb, or before the auxiliary in a compound tense. There is no agreement of the past participle.

Exemple: Mme Diderot lit <u>des lettres</u>.
Mme Diderot **en** lit.
Mme Diderot **en** a lu.

• <u>En</u> with expressions of quantity:
When **en** is used to replace an expression of quantity, the adverb is retained in the sentence.
Exemple: Cette société distribue <u>beaucoup de produits</u>.
Cette société **en** distribue <u>beaucoup</u>.

Other Expressions of quantity	
peu de, *a little of*	beaucoup de, *much of*
assez de, *enough of*	trop de, *too much of*

• <u>En</u> with the indefinite article or a numbers
When **en** is used to replace a noun introduced by an indefinite article (**un, une, des**) or a number, the indefinite article or the number is retained in the sentence.
Exemple: La société distribue <u>cinq produits</u>.
La société **en** distribue <u>cinq</u>.
Exemple: Mme Diderot considère <u>une offre</u>.
Mme Diderot **en** considère <u>une</u>.

PRATIQUONS!

A. Remplacez les expressions soulignées par les pronoms personnels *y* ou *en*:

1.   Ils consacrent des fonds importants .

2.   Nous dépenserons de l'argent pour ce projet.

3.   Avez-vous assisté à la conférence de M. Bonlieu?

4.   Elles travaillent dans cette entreprise depuis 5 ans.

5.   Nous n'avons pas beaucoup parlé de nos publicités.

6.   Offrez des échantillons aux consommateurs.

7.   Tu vas participer à une enquête publicitaire.

8.   Va à l'agence.

9.   Ils sont allés à la réunion.

10.   Vous recevrez beaucoup de courriels.

B. Remplacez les pronoms personnels dans chaque phrase par des noms. Utilisez la liste de vocabulaire au début du chapitre.

1.   Ils en mentionnent beaucoup.

2.   Elles vont y aller.

3.   Nous n'en avons pas dépensé.

4.   N'y touchez pas!

5.   Il y en a cinq.

6.   Vous allez en acheter.

7.   Tu décides d'y assister.

8.   Y croyez-vous?

9.   J'en ai consacré deux.

10.   Vous y avez répondu.

H. L'ordre des pronoms personnels

In French, the placement order for direct and indirect personal pronouns, and **y** and **en** is as follows:

Direct and Indirect	Direct	Indirect	Y	En
me	le	lui	y	en
te	la			
nous	les	lui		
vous				

In negative sentences, **ne** will precede all object promouns, and **pas** will come after the verb.

Exemple: Il la lui écrit.
                Il **ne** la lui écrit **pas**.

POUR EN SAVOIR PLUS... La Radio et la télé en France.

A. La Radio

In France, there exists both public and private ownership of broadcast media. For radio, most **private** stations are owned by four corporate groups:

Europe 1: This group controls most FM bands and broadcasts all over France. It owns the following stations: Europe 1, Europe 2, RFM, Skyrock, and GIE Les Indépendants. Europe 2 positions itself for 20-40 year olds, while Skyrock plays mainly hard rock music. RFM offers a menu primarily of songs in English.

CLT: This group controls RLT, Fun Radio, RLT 2, Sud Radio, and Witt FM.   Fun Radio is listened to by most 15-19 year olds, while RTL 2 plays mainly French songs.

RMC: This group owns RMC, Nostalgie and Radio Montmartre. It caters primarily to older listeners.

NRJ: This group owns NRJ, Chérie FM, and GIE Rire. It caters to the middle generation with contemporary music and old favorites. Chérie FM has a large female audience.

Public radio stations broadcast all over France and are state controlled. All advertising is strictly monitored, and all brand advertising is forbidden. Most publicity campaigns are aimed at public information and public welfare issues. The primary public stations are the following:

France Inter: general programs of interest
France Info: continuous news coverage
France Musique: continuous musical broadcasts aimed at a
   sophisticated audience
France Culture: a broadcast magazine with periodic newscasts
Radio Bleu: targeted at an older population

Audience measurements are done by a firm called **Médiamétrie**. Their job is to keep track of audience profiles and demographics to assist advertisers in reaching their target audience.

B. La Télé

Like radio, television is divided into both public and private sectors. There are three **public** (government sponsored and controlled) television channels:

France 2: The most watched public television station in France. Programming includes consumer information shows and game shows. Its primary market competitor is TF1.

France 3: This is a regional channel emitted through 12 regional antennae. This station produces high quality programs on a variety of special topics.

Arte: Broadcasts cultural programs. No advertising is allowed on this station.

Advertising is most often found on the **private** sector channels.

TF1: This is the most watched private sector station in France. Programming includes films, sports, game shows, and serials.

M6: This is France's answer to MTV. The audience is primarily young, but with strong purchasing power.

Canal +: This is the first subscription channel. Programming consists primarily of films, including recent releases, sports, and tele-magazines.

Like all of Western Europe, France has seen a recent proliferation of satellite TV which permet the owner to watch telecasts from all over Europe. The advantage for EU advertisers is great, permitting sellers to advertise products to a growing public. Clusters of stations can also be packaged for subscribers. These clusters are called **bouquets**.

Médiamétrie measures audience viewing selections. On the average, between 85-90% of the French watch television at least once a day, making it the most effective medium for advertisers -- and also the most costly.

Television provides both visual and aural stimuli for consumers, allowing for greater creativity. However, most advertising is done on three stations: TF1, France 2 and France 3 which control 4/5 of the advertising market. But since these stations do not offer market selectivity, most advertisers use these stations to promote product recognition and consumer loyalty.

Activités de synthèse:

A. [Activité en groupe] Votre entreprise produit des chocolats. Vous faites partie du service de publicité, et vous devez diffuser des messages à propos de votre produit.   Vous allez utiliser les médias suivants:

- **la presse**
- **la télé**
- **la radio**
- **l'affichage**

Écrivez et produisez les spots et les slogans que vous allez utiliser.

B. [Activité en groupe] Vous vendez du parfum de haut de gamme. Votre nouveau chef du service de publicité veut changer l'image du produit. Vous pensez que ce n'est pas une bonne idée. Faites une liste de vos arguments contre ce changement d'image.

CHAPITRE 5

La Mercatique Directe

M. Albert a pris rendez-vous avec M. Robert Simenon, chef de la Société Poisson Soluble qui se spécialise dans la mercatique directe. M. Albert veut savoir si la Société Dupont peut profiter de ce type de communication personnalisée.

M. Albert: Pouvez-vous expliquer la stratégie de la mercatique directe?

M. Simenon: Certainement. La mercatique directe est un moyen de communication intéractive entre une société et un client. En lui offrant une solution à un problème immédiat, la mercatique directe établit un dialogue avec le client. Notre but est de provoquer une réaction de la part du client à un appel, comme le renvoi d'un coupon-réponse.

M. Albert: Quelles sont les autres techniques de la mercatique directe?

M. Simenon: Nous utilisons des bons de commande que le client doit remplir, des enveloppes T, des numéros verts, et des fichiers. Nous offrons aussi des "accélérateurs." Ce sont des offres promotionnelles pour stimuler les ventes, comme des échantillons, des rabais et des jeux.

M. Albert: Et que pensez-vous du publipostage?

M. Simenon: Le publipostage est un courrier envoyé à un consommateur qui fait partie d'une segmentation préalable du marché. Cette segmentation aboutit à une liste de noms et d'adresses, et à une base de données qui détermine la rentabilité du client et son comportement d'achat. Nous utilisons la méthode RFM, c'est-à-dire, récence-fréquence-montant. Nous voulons savoir si le client a acheté le produit récemment, s'il achète le produit fréquemment, et s'il achète le produit pour un montant considérable. La forme du publipostage est assez standard: une lettre avec coupon-réponse, mais sous le pli d'une enveloppe porteuse où se trouve le logo de l'entreprise, une illustration, ou un accroche destiné à faire ouvrir le publipostage. Bien sûr, il y a une enveloppe-réponse.

M. Albert: Est-il préférable d'inclure une enveloppe T?

M. Simenon: L'enveloppe T est, à mon avis, toujours meilleure parce qu'elle rend la réponse plus facile pour le destinataire. Il n'a pas à chercher ni l'adresse ni le timbre. L'expéditeur paie l'affranchissement de l'enveloppe T ce qui augmente le nombre de réponses.

M. Albert: Conseillez-vous l'utilisation de l'asile-colis?

M. Simenon: Ceci dépend du produit. L'asile-colis est un document publicitaire qui se glisse dans un colis de vente par correspondance. Il est préférable d'utiliser l'asile-colis quand vous vendez votre produit par catalogue tel que les Trois Suisses ou La Redoute. Si vous ne vendez pas par correspondance, il est préférable d'utiliser l'encart-courrier.

M. Albert: Comment fonctionne l'encart-courrier?

M. Simenon: La société glisse l'encart-courrier dans sa propre correspondance avec ses clients. On utilise l'encart-courrier pour fidéliser les clients et aussi pour introduire de nouveaux produits. Vous pouvez aussi utiliser l'encart-presse qui produit aussi de très bons résultats, en particulier si vous attachez une enveloppe T.

M. Albert: Très bien. Je vais signaler ces informations à M. Bonlieu pour qu'on puisse prendre la meilleure décision. Merci beaucoup pour ce rendez-vous.

VOCABULAIRE

LES NOMS

Masculin

un moyen, *a means*
un dialogue, *dialogue, conversation*
un but, *a goal, objective*
un coupon-réponse, *a tear-off coupon*
un bon de commande, *an order form*
un fichier, *a flyer*
un échantillon, *a sample*
un rabais, *a rebate*
un publipostage, *a mailing*
un jeux, *a game*
un montant, *an amount*
un accroche, *a hook*
un timbre, *a stamp*
un colis, *a cardboard container*
le renvoi, *the return*
l'expéditeur, *the sender*
le destinataire, *the recipient*

Féminin

la mercatique, *marketing*
une solution, *solution*
une réaction, *reaction*
une technique, *a technique*
une enveloppe, *an envelope*
une offre, *an offer*
une segmentation, *division*
une rentabilité, *profit-making*
une adresse, *an address*
une récence, *a recent event*
une illustration, *illustration*
l'affranchissement, *postage*
la correspondance, *mail*

LES VERBES

La Première Conjugaison

se spécialiser, *to specialize in*
profiter de, *to profit from*
provoquer, *to provoke*
destiner à, *designed to*
attacher, *to attach*
conseiller, *to advise*
signaler, *to signal*

stimuler, *to stimulate, incite*
déterminer, *to determine*
se trouver, *to be found, located*
glisser, *to slide*
augmenter, *to increase*
fidéliser, *to make faithful*

La Deuxième Conjugaison

établir, *to establish*   aboutir, *end up*
remplir, *to fill out*
offrir, *to offer*

La Troisième Conjugaison

inclure, *to enclose*   dépendre, *to depend upon*
introduire, *to introduce*

Les Adjectifs

promotionnel, -le, *promotional*   préalable, *prior*
direct, -e, *direct*   personnalisé, -e, *personalized*

Les Adverbes

couramment, *currently*   suffisamment, sufficiently
prudemment, *carefully*   vraiment, *truly*
absolument, *absolutly*   aisément, *easily*

Les Expressions

de la part de, *on behalf of*
un numéro vert, *a toll-free number*
une base de données, *a data base*
un comportement d'achat, *buying habits*
une enveloppe porteuse, *an advertising envelope*
une enveloppe-réponse, *a reply envelope*
une enveloppe T, *a postage-paid envelope*
l'asile-colis, *an ad enclosure*
l'encart-courrier, *an ad mailer*
l'encart-presse, *a newspaper circular*
sous le pli, *enclosed*

LA GRAMMAIRE

A. LES VERBES RÉFLÉCHIS

To describe an action that a person performs on himself or herself, the French use **reflexive verbs**.

To form a reflexive verb, simply use a **reflexive pronoun** which is the same person as the subject.

Subject Pronoun	Reflexive Pronoun
je	me (m')
tu	te (t')
il	se (s')
elle	se (s')
on	se (s')
nous	nous
vous	vous
ils	se (s')
elles	se (s')

Note the formation of the verb. The reflexive pronoun is highlighted.

Se trouver, *to be found*		
	Singular	**Plural**
1ère pers.	Je **me** trouve	nous **nous** trouvons
2ème pers.	Tu **te** trouves	vous **vous** trouvez
3ème pers.	Il **se** trouve	ils **se** trouvent
	Elle **se** trouve	elles **se** trouvent
	On **se** trouve	

To negate a reflexive verb, place **ne** before the reflexive pronoun and **pas** after the verb.

Exemple: Vous **ne** vous trouvez **pas** dans le bureau.

To form the interrogative inversion, you invert the subject pronoun and the verb. In the example, the reflexive pronoun is highlighted.

Exemple: Vous trouvez-vous au bureau?

To form the negation of the inversion, place **ne** before the reflexive pronoun, and **pas** after the inversion.

Exemple: Ne vous trouvez-vous **pas** au bureau?

Some Commonly Used Reflexive Verbs

s'appeler, *to be named, to call oneself*
s'occuper (de), *to take care of*
se rappeler, *to remember*
se sentir, *to feel*
se trouver, *to be located, to be found*

PRATIQUONS!
A.   Complétez les phrases suivantes avec une forme au présent du verbe entre parenthèses.

1.   Il _____ M. Albert. (s'appeler)
2.   La directrice _____ des dossiers. (s'occuper)
3.   Elles _____ mieux aujourd'hui. (se sentir)
4.   Nous _____ sans argent. (se trouver)
5.   Je _____ de notre système de vente par correspondance. (se rappeler)
6.   Vous _____ dans la mercatique (se spécialiser)
7.   Nous _____ en Irlande. (s'établir)
8.   Elles _____ un publipostage (s'envoyer).
9.   Il faut que tu _____ dans ton bureau pour la téléconférence.(se trouver)
10.   Nous _____ s' il faut joindre un coupon-réponse. (se demander)

B. Transformez les phrases suivantes en phrases négatives.

1. Elle s'occupe du renvoi du colis.

2. Nous nous trouvons sans emploi.

3. Tu te sens stimulé par le dynamisme de l'équipe de mercatique.

4. Je m'appelle Mlle Arnaud.

5. Vous vous rappelez de l'entretien.

6. Il se trouve dans une situation financière difficile.

C. Transformez les phrases suivantes en utilisant l'interrogatif - inversion.

1. Elle s'occupe du renvoi du colis.

2. Nous nous trouvons sans emploi.

3. Tu te sens stimulé par le dynamisme de l'équipe de mercatique.

4. Je m'appelle Mlle Arnaud.

5. Vous vous rappelez de l'entretien.

6. Il se trouve dans une situation financière difficile.

D. AU TRAVAIL! Faites des phrases avec les verbes réfléchis pour décrire la situation au bureau.

1. S'appeler

2. S'occuper de

3. Se rappeler

4.   Se trouver

5.   Se sentir

B. LE PASSÉ COMPOSÉ DES VERBES RÉFLÉCHIS

Reflexive verbs are **always** conjugated with **être**. The past participle will agree in gender and number with reflexive pronoun which is usually the same gender and number as the subject.

	S'asseoir (assis), *to sit oneself*	
Singulier	**Masculin**	**Féminin**
1ère pers.	Je me suis assis	je me suis assise
2ème pers.	Tu t'es assis	tu t'es assise
3ème pers.	Il s'est assis	elle s'est assise
	On s'est assis	
Pluriel	**Masculin**	**Féminin**
1ère pers.	Nous nous sommes assis	nous nous sommes assises
2ème pers.	Vous vous êtes assis	vous vous êtes assise
	Vous vous êtes assis	vous vous êtes assises
3ème pers.	Ils se sont assis	elles se sont assises

To form the **negation**, place **ne (n')** before the reflexive pronoun and **pas** after the auxiliary.

Exemple: Tu **ne t'**es **pas** assise.

To form the **interrogative inversion**, invert the subject pronoun and the auxiliary.

Exemple: Nous sommes-nous assis(es)?

PRATIQUONS!
A. Transformez les phrases suivantes au passé composé. Attention aux accords!

1.   Elle s'occupe du publipostage.

2.   Nous nous trouvons sans solution.

3.   Tu te spécialises en mercatique.

4.   Je m'appelle M. Albert.

5.   Vous vous rappelez de l'offre.

B. Transformez les phrases suivantes en phrases négatives au passé composé.

1.   Elle s'occupe du publipostage.

2.   Nous nous trouvons sans solution.

3.   Tu te spécialises en mercatique.

4.   Je m'appelle M. Albert.

5.   Vous vous rappelez de l'offre.

C. Transformez les phrases suivantes en utilisant l'interrogatif - inversion au passé composé.

1.   Elle s'occupe du publipostage.

2.   Nous nous trouvons sans solution.

3.   Tu te spécialises en mercatique.

4.   Je m'appelle M. Albert.

5.   Vous vous rappelez de l'offre.

C. LA FORMATION DES ADVERBES

Certain adverbs are formed from adjectives. In English, these adverbs end in -*ly*. They are formed by adding **-ment** to the **feminine** form of the adjective. Notice the following examples.

Masculine Adj.	Feminine Adj.	Adverb
total	totale	totalement
gratuit	gratuite	gratuitement
obligatoire	obligatoire	obligatoirement
certain	certaine	certainement
parfait	parfaite	parfaitement
général	générale	généralement

Generally, adverbs are placed after the verb, or at the beginning or end of a sentence.

Exemple: Généralement, la forme du publipostage est assez standard.

PRATIQUONS!

A. Formez le féminin de l'adjectif, et ensuite formez l'adverbe.

1. Exact
2. Économique
3. Nouveau
4. Seul
5. Merveilleux
6. Rapide
7. Probable
8. Nécessaire
9. Rare
10. Spécial

B. Faites des phrases avec les adverbes suivants.

1.   Totalement

2.   Gratuitement

3.   Obligatoirement

4.   Certainement

5.   Généralement

D. La formation des adverbes irréguliers.

•   For adjectives already ending in **-ent** and **-ant**, drop the -ent or the -ant and add **-emment** or **-amment**:

Exemple:	
cour**ant**	cour**amment**
suffis**ant**	suffis**amment**
prud**ent**	prud**emment**

•   For adjectives ending in *i, é, u*, do not use the feminine form of the adjective. Simply add **-ment** to the **masculine** adjective to form the adverb:

Exemple:	
vrai	vraiment
absolu	absolument
aisé	aisément

•   Note the spelling of other commun **irregular** adverbs:

profond	profond**é**ment
précis	précis**é**ment
gentil	gent**i**ment

PRATIQUONS!

A. Utilisez l'adverbe correspondant aux adjectifs entre parenthèses dans les phrases suivantes:

1.   Nous devons établir (premier)_____de bons contacts avec nos partenaires à l'étranger.

2.   C'est (précis)_____un comportement d'achat qu'il faut stimuler.

3.   Il croit (vrai)_____à la réussite du projet.

4.   Tu sais parler (courant)_____le français.

5.   Vous avez fidélisé (aisé)_____votre clientèle.

6.   Elle a demandé (gentil)_____les résultats du sondage.

7.   Il faut agir (prudent)_____avec ce client.

8.   J'ai (suffisant) _____de renseignements sur ce destinataire.

9.   Tu dois (absolu)_____inclure un coupon-réponse à ta lettre.

10.   C'est un environnement (profond)_____urbain.

E. Le Participe présent.

The **participe présent** (present participle) is formed by using the **nous** form of the indicative present. Drop the **-ons** ending, and add **-ant**. The **participe présent** is preceded by the preposition **en**.

Exemple:
signaler   nous signalons   **en** signal**ant**.

- A few verbs have irregular form at the participe présent.

Irregular Forms of the Participe Présent

être	en étant
avoir	en ayant
savoir	en sachant

- The present participle is used to express an action that happens simultaneously with the action in the main clause:

  Exemple: Le personnel se spécialisant dans la mercatique, a proposé une offre.

- **En + present participle** (also called the gerundive) is used to express an action that takes place at the same time than the action in the main clause. The subject of the verbs with en + present participle and the main clause is the same.

  Exemple: En introduisant un bon de commande dans l'envoi, ils vont augmenter leur rentabilité.

- The present participle is **invariable** when it is used as a verb:

  Exemple: Les employés, se spécialisant dans la mercatique sélectioneront le journal.

- When used as an **adjective**, it agrees in gender and number with the noun it modifies:

  Exemple: Ce sont des dialogues stimulants.

PRATIQUONS!

A. Utilisez la forme correcte du participe présent dans les phrases suivantes et faites l'accord s'il y a lieu (if necessary). Faites des phrases complètes.

1.   En (offrir) des échantillons, nous fidélisons la clientèle.

2.   Ce sont des offres promotionnelles (déterminer).

3.   En (inclure) un bon-coupon dans notre envoi, nous provoquons des achats.

4.   Vous avez provoqué une réaction (stimuler).

5.   En ne (profiter) pas d'un rabais de l'affranchissement vos frais [costs] augmentent.

B. En vous inspirant du vocabulaire de la leçon cinq, inventez des phrases en employant le participe présent:

1.   Établir

2.   Conseiller

3.   Glisser

4.   Introduire

5.   Dépendre

POUR EN SAVOIR PLUS .... Creating a market driven data base (les bases de données)

Solid market data bases are required for any direct marketing effort. Specialized firms now provide these services for companies who wish to sell directly to clients. These firms specialize in gathering data about potential customers and their buying habits. Market segmentation has become an increasingly accurate tool to assess direct marketers in reaching their customers and, therefore, in making a profit.

The following criteria are used in market segmentation:

Criterion	Description	Interest/Limits
Socio-economic	Name Age Educational level Place of residence Region of residence	Easily accessible; Easily measurable; Determiners of buying behavior
Personality	Lifestyle Attitudes Extrovert vs. Introvert Sensing vs. Feeling	Difficult to access; Difficult to measure; Can best be achieved through focus groups; Good predictors of buying habits.
Buying habits	Role of advertising in product selection; Product qualities desired; Quantities of product consumed.	Must be combined with socio-economic criteria; Focus groups can assist in product positioning.

Once these criteria have been established, then accurate mailing lists can be designed to target specific consumers. Market researchers use such indices as a first name to determine a range in age and socio-economic class, knowing that first names are subject to fads and to a certain "snob appeal."

Activités de synthèse:

A. [Activité en groupe] Votre entreprise produit des téléphones que vous vendez directement aux sociétés. Faites une liste de critères pour créer une base de données qui vous assistera à atteindre [*to reach*] votre public.

B. [Activité en groupe] Faites un sondage de votre classe et déterminez les produits que les étudiants achètent le plus souvent. D'après votre liste, déterminez si la liste confirme les critères socio-économiques du groupe.

CHAPITRE 6

La Promotion

Mlle Arnaud doit travailler pendant un mois sur un projet de promotion pour introduire un nouveau fromage Dupont. Elle a pris rendez-vous avec Mme. Diderot pour que celle-ci lui explique les principes de la promotion et les outils.

Mlle Arnaud: Quel est le but de la promotion?

Mme Diderot: On veut toujours provoquer une réaction chez le client. Parfois on souhaite seulement le fidéliser à notre marque. Par moment, on tente de le provoquer à acheter un nouveau produit. La promotion nous permet de stimuler le désir du client vers l'achat de notre produit. Nous atteignons notre but en offrant quelque chose de plus ou en réduisant le prix avec une offre spéciale.

Mlle Arnaud: Y a-t-il d'autres occasions quand on essaie de promouvoir un produit?

Mme Diderot: Oui. Si nous avons une surabondance de stock, pour pouvons offrir un prix spécial pour le faire écouler. Aussi, au moment où nous élargissons notre gamme de produit, on veut que le client essaie le produit le plus tôt possible.

Mlle Arnaud: Quels outils de promotion utilisez-vous?

Mme Diderot: Pour la promotion du fromage, nous utilisons des offres de prix. Nous permettons à nos nouveaux clients d'essayer notre fromage à un prix réduit pendant quelques semaines. Ce prix spécial est un prix de lancement. Mais il faut réduire le prix avec beaucoup d'attention car on risque aussi de dévaloriser notre marque ou notre image de haut de gamme. Nous permettons aussi à nos distributeurs d'offrir des prix spéciaux au moment de leur anniversaire et pendant les salons.

Mlle Arnaud: Utilisez-vous le couponnage?

Mme Diderot: Au début, nous utilisions beaucoup le couponnage simple où le client payait un prix réduit grâce à un coupon. Plus tard, nous avons offert des remboursements simples. Le client envoyait un bon de remboursement et une preuve d'achat, et la Société Dupont lui envoyait un chèque qui correspondait au prix d'achat. Maintenant que nous nous sommes établis comme une société de fromage haute de gamme, nous n'utilisons le couponnage que très rarement.

Mlle Arnaud: Offrez-vous des primes?

Mme Diderot: Non, nous n'offrons jamais de primes. Celles-ci tendent à dévaloriser notre marque. Mais par contre nous utilisons plusieurs techniques d'essai.

Mlle Arnaud: Quelles sont ces techniques d'essai?

Mme Diderot: Nous offrons des échantillons gratuits dans les supermarchés et dans les boutiques spécialisées. À l'occasion, on fait un jumelage avec un vin pour des dégustations pendant les congrès. Et comme la famille Dupont soutient certaines causes sociales, nous offrons des échantillons autour des événements associés à une oeuvre humanitaire.

VOCABULAIRE

LES NOMS

Masculin

un mois, *a month*
un projet, *a project*
un principe, *a principle*
un outil, *a tool*
un but, *a goal, objective*
un désir, *a desire*
un prix, *a price*
un stock, *warehouse supply*
un achat, *a purchase*
un distributeur, *a distributor*
un salon, *product fair*
un couponnage, *coupon offer*
un coupon, *a coupon*
un remboursement, *reimbursement*
un chèque, *a check*
un essai, *taste test*
un échantillon, *sample*
un supermarché, *a supermarket*
un jumelage, *a product pairing*
un vin, *a wine*
un congrès, *a professional conference*
un événement, *an event*

Féminin

la promotion, *promotional activities*
une offre, *an offer*
une occasion, *occasion, opportunity*
une surabondance, *an oversupply*
une gamme, *product line*
une image, *product image*
un anniversaire, *anniversary date*
une preuve, *proof*
une prime, *gift with purchase*
une marque, *brand name*
une boutique, *a specialized store*
une dégustation, *a wine tasting*
une famille, *a family*
une cause, *a cause*
une oeuvre, *a work*

LES VERBES
Première Conjugaison

travailler, *to work*
provoquer, *to provoke*
acheter, *to buy, purchase*
essayer, *to try*
risquer, *to risk*
écouler, *to diminish, to flow out*

expliquer, *to explain*
fidéliser, *to make faithful*
stimuler, *to stimulate*
envoyer, *to send*
dévaloriser, *to devalue*

Deuxième Conjugaison

réussir à, *to succeed*

élargir, *to spread out*

soutenir, *to support*

offrir, *to offer*

établir, *to establish*

Troisième Conjugaison

introduire, *to introduce*

permettre, *to allow*

tendre à, *to tend to*

prendre, *to take*

réduire, *to reduce*

LES EXPRESSIONS

prendre rendez-vous, *to set up a meeting*

un prix de lancement, *introductory price*

une surabondance de stock, *a stock surplus*

le plus tôt possible, *as soon as possible*

les offres de prix, *price breaks*

une preuve d'achat, *proof of purchase*

à l'occasion, *on occasion*

une oeuvre humanitaire, *humanitarian or charitable work*

grâce à, *thanks to*

LA GRAMMAIRE

A. Le Verbe irrégulier *mettre*

The verb **mettre** (*to put, to place*) has an irregular conjugation in French. Notice the forms of the verb in the indicative present.

Mettre, *to put, to place*

	Singulier	**Pluriel**
1ère pers.	Je mets	nous mettons
2ème pers.	Tu mets	vous mettez
3ème pers.	Il met	ils mettent
	Elle met	elles mettent
	On met	

Other Verbs Conjugated like *mettre*

soumettre, *to submit*   remettre, *to put back, to give back*
admettre, *to admit*

PRATIQUONS!

A. Utilisez le verbe qui convient dans les phrases suivantes et conjuguez le verbe au présent:
admettre-remettre-mettre-soumettre.

1. Vous_____ un projet.
2. Nous_____un échantillon au client.
3. Tu_____ un coupon dans l'enveloppe.
4. Ils _____leurs erreurs.

B. Conjuguez les verbes de l'exercice A <u>à l'imparfait.</u>

1.   Vous_____ un projet.
2.   Nous_____un échantillon au client.
3.   Tu_____ un coupon dans l'enveloppe.
4.   Ils _____leurs erreurs.

C. Conjuguez les verbes de l'exercice A <u>au passé composé.</u>

1.   Vous_____ un projet.
2.   Nous_____un échantillon au client.
3.   Tu_____ un coupon dans l'enveloppe.
4.   Ils _____leurs erreurs.

D. Conjuguez les verbes de l'exercice A <u>au futur simple.</u>

1.   Vous_____ un projet.
2.   Nous_____un échantillon au client.
3.   Tu_____ un coupon dans l'enveloppe.
4.   Ils _____leurs erreurs.

E. Conjuguez les verbes de l'exercice A <u>au subjonctif présent.</u>

1.   Vous_____ un projet.
2.   Nous_____un échantillon au client.
3.   Tu_____ un coupon dans l'enveloppe.
4.   Ils _____leurs erreurs.

F. Conjuguez les verbes de l'exercice A <u>à la forme négative.</u>

1.   Vous_____ un projet.
2.   Nous_____un échantillon au client.
3.   Tu_____ un coupon dans l'enveloppe.
4.   Ils _____leurs erreurs.

B. Le Verbe irrégulier *soutenir*

Soutenir, *to support, uphold*		
	Singulier	**Pluriel**
1ère pers.	Je soutiens	nous soutenons
2ème pers.	Tu soutiens	vous soutenez
3ème pers.	Elle soutient	elles soutiennent
	Il soutient	ils soutiennent
	On soutient	

Other Verbs Conjugated Like *soutenir*	
obtenir, *to obtain*	contenir, *to contain*
maintenir, *to maintain*	retenir, *to retain*
tenir, *to have, to hold*	devenir, *to become*

PRATIQUONS!

A. Utilisez le verbe qui convient et conjuguez le au présent:
tenir-soutenir-retenir-obtenir-maintenir-devenir.
1.   Vous_____une offre.
2.   Nous ne _____pas une surabondance de produits.
3.   _____elle un échantillon?
4.   Je _____distributeur de vins.
5.   Tu _____une preuve d'achat.
6.   La douane_____une taxe.

B. Conjuguez les verbes de l'exercice A à l'imparfait.

1.   Vous_____une offre.
2.   Nous ne _____pas une surabondance de produits.
3.   _____elle un échantillon?
4.   Je _____distributeur de vins.
5.   Tu _____une preuve d'achat.
6.   La douane_____une taxe.

C. Conjuguez les verbes de l'exercice A <u>au passé composé</u>.
1.   Vous_____une offre.
2.   Nous ne _____pas une surabondance de produits.
3.   _____elle un échantillon?
4.   Je _____distributeur de vins.
5.   Tu _____une preuve d'achat.
6.   La douane_____une taxe.

D. Conjuguez les verbes de l'exercice A <u>au futur simple</u>.
1.   Vous_____une offre.
2.   Nous ne _____pas une surabondance de produits.
3.   _____elle un échantillon?
4.   Je _____distributeur de vins.
5.   Tu _____une preuve d'achat.
6.   La douane_____une taxe.

E. Conjuguez les verbes de l'exercice A <u>au subjonctif</u>.
1.   Vous_____une offre.
2.   Nous ne _____pas une surabondance de produits.
3.   _____elle un échantillon?
4.   Je _____distributeur de vins.
5.   Tu _____une preuve d'achat.
6.   La douane_____une taxe.

C. Placement du pronom objet dans la construction infinitive

In infinitive constructions [such as the **futur immédiat**, and with the verbs **vouloir**, **pouvoir**, and **devoir**], the direct and indirect object pronouns are placed before the infinitive.

> **Exemple:**   Il va promouvoir le fromage.
> Il va **le** promouvoir.

When the sentence is negated, the **ne (...) pas** is placed around the main and before object pronoun which is placed before the infinitive.

> **Exemple:**   Il **ne** va **pas** <u>le</u> promouvoir.

PRATIQUONS!

A. Remplacez les mots soulignés par le pronom personnel correct. Faites une phrase complète.

1.   Ils viennent de réduire <u>les prix</u>.

2.   Nous voulons stimuler <u>la vente</u>.

3.   Tu ne veux pas prendre <u>de rendez-vous</u>.

4.   Allez-vous choisir <u>la marque haut de gamme</u>?

5.   Elles désirent stimuler <u>le marché</u>.

6.   Je ne veux pas envoyer d'échantillons <u>aux supermarchés</u>.

7.   Nous allons permettre <u>un remboursement</u>.

8.   Ils vont parler <u>aux distributeurs.</u>

B.   Écrivez les phrases de l'exercice A à la forme <u>négative</u>. Remplacez les mots soulignés par le pronom personnel correct. Faites une phrase complète.

1.   Ils viennent de réduire <u>les prix</u>.

2.   Nous voulons stimuler <u>la vente</u>.

3.   Tu ne veux pas prendre <u>de rendez-vous</u>.

4.   Allez-vous choisir <u>la marque haut de gamme</u>?

5.   Elles désirent stimuler <u>le marché</u>.

6.   Je ne veux pas envoyer d'échantillons <u>aux supermarchés</u>.

7.   Nous allons permettre <u>un remboursement</u>.

8.   Ils vont parler <u>aux distributeurs.</u>

D. Le Pronom démonstratif

The **variable demonstrative pronoun** is used to replace a demonstrative adjective + noun. The **demonstrative adjective** (*this, that, these, those*) is placed before a noun to stress the importance of that noun. It agrees in gender and number with the noun it modifies.

In the masculine singular, there are two forms. Before a masculine noun beginning with a vowel or a muted **-h**, we use the form **cet**.

<table>
<tr><th colspan="3">L'Adjectif démonstratif</th></tr>
<tr><th></th><th>Singulier</th><th>Pluriel</th></tr>
<tr><td>**Masculin**</td><td>ce
cet</td><td>ces
ces</td></tr>
<tr><td>**Féminin**</td><td>cette</td><td>ces</td></tr>
</table>

To form the variable demonstrative pronoun, we use the adverbs **-ci** (here) and **-là** (there) to indicate location. The demonstrative pronoun is translated as *this (these) one(s) here/there*. The demonstrative pronoun agrees in gender and number with the demonstrative adjective and noun it replaces.

Exemple: Ce magasin vend des produits suisses.
Celui-ci (-là) vend des produits suisses.

<table>
<tr><th colspan="3">Le Pronom démonstratif variable</th></tr>
<tr><th></th><th>Singulier</th><th>Pluriel</th></tr>
<tr><td>**Masculin**</td><td>Celui-ci
Celui-là</td><td>Ceux-ci
Ceux-là</td></tr>
<tr><td>**Féminin**</td><td>Celle-ci
Celle-là</td><td>Celles-ci
Celles-là</td></tr>
</table>

PRATIQUONS!
A. Remplacez les adjectifs démonstratifs + nom par des pronoms démonstratifs. Faites une phrase complète.

1. Ce projet va réussir.

2. Ces dégustations seront gratuites.

3. Cette offre de prix est intéressante.

4. Ils écoulent ces bons vins en Californie.

5. Nous élargissons ce marché.

6. Vous avez provoqué ce jumelage.

7. Tu expliques cette oeuvre humanitaire.

8. Nous offrons ces coupons au salon.

9. Elle dévalorise cette boutique.

10. J'établis ces prix de lancement.

B. Remplacez les pronoms démonstratifs par des adjectifs démonstratifs et des noms. Faites une phrase complète.

1. Ils introduisent ceux-ci.

2. Elles achètent celles-là.

3. Nous avons fidéliser celui-là.

4. C'est celui de droite (on the right).

5. Nous envoyons celle-là.

6. Nous prendrons ceux qui sont sur la table.

7.	Celui-ci veut une preuve d'achat.

8.	Celle-ci travaille à l'occasion.

E. *Quelque chose de* et *rien de*

Quelque chose de (something that is) and **rien de** (nothing that is) are invariable expressions that are always followed by a **masculine adjective**.

Exemple: Elle achète **quelque chose de** <u>coûteux</u>.

When the negative expression **rien de** is used, the **ne** is always placed before the verb, but **pas** is not used.

Exemple: Elle **n'**achète **rien de** <u>spécial</u>.

PRATIQUONS!

A. Écrivez les phrases suivantes en utilisant *quelque chose de* et *rien de*.

1. Je ne veux_____difficile.
   Je veux_____difficile.

2. Nous envoyons_____haut de gamme.
   Nous n'envoyons_____haut de gamme.

3. Il provoque_____mal.
   Il ne provoque_____mal.

4. Elle demande_____efficace.
   Elle ne demande_____efficace.

5. Nous voulons_____profitable.
   Nous ne voulons_____profitable.

F. Les Adverbes négatifs

Besides the negative adverb **ne (...) pas**, there are several other negative adverbs that permit us to negate a sentence more precisely. When one of the following adverbs is used, it is negated by using the corresponding negative adverb. Note the chart below.

Les Adverbes négatifs	
Adverbe	**Adverbe négatif**
toujours, *always*	ne (...) jamais, *never*
quelquefois, sometimes	ne (...) jamais, *never*
de temps en temps, *from time to time*	ne (...) jamais, *never*
parfois, *sometimes*	ne (...) jamais, *never*
encore, *again*	ne (...) plus, *never again*
aussi, *also*	ne (...) pas non plus, *neither*
déjà, *already*	ne (...) pas encore, *not yet*
quelque part, *somewhere*	ne (...) nulle part, *nowhere*

Exemple: Nous achetons **toujours** des produits bon marché.
Nous **n'achetons jamais de** produits bon marché.

- **Placement of negative adverbs:**

    - in declarative sentences, the negative adverb is placed around the verb;

    - in interrogative inversion sentences, the **ne** is placed before the inversion and the **negative adverb** is placed after the inversion.

        Exemple: N'achetons-nous **jamais** de produits bon marché?

- **De** is used after the negation to replace the indefinite articles **un**, **une**, and **des**, and the parttive articles **du**, **de la**, **de l'**, and **des**.

PRATIQUONS!

A. Remplacez les adverbes par des adverbes négatifs. Faites une phrase complète.

1.   Nous offrons toujours une prime.

2.   Il y a une surabondance de ce produit quelque part.

3.   La dégustation provoque déjà des achats.

4.   Le couponage fidélise parfois le client.

5.   Un prix bas dévalorise encore la marque.

B. Écrivez les phrases de l'exercice A <u>au passé composé</u>. Remplacez les adverbes par des adverbes négatifs. Faites une phrase complète.

1.   Nous offrons toujours une prime.

2.   Il y a une surabondance de ce produit quelque part.

3.   La dégustation provoque déjà des achats.

4.   Le couponage fidélise parfois le client.

5.   Un prix bas dévalorise encore la marque.

POUR EN SAVOIR PLUS... Les types de commerces en France

There are several types of businesses in France, and each type requires a slightly different form of promotional activity.

A. Le Commerce indépendent [independent business owners]

Like their American counterparts, independent owners are seeing a steady decline in their numbers. Most of these businesses are family-owned and have a long tradition of quality. Their customers exhibit great product/service loyalty, and they generally have done business with the independent owner for a long time. Independents need a growing base of new customers, all the while keeping their steady customers happy. The greatest drop in the ranks of independents has occured in the grocery industry as consumers flock to the **supermarché** and the **hypermarché**.

Franchise operators [**les concessionnaires**] are a special type of independent owners. They are tied to a company by an exclusive contract. This is particularly true in the automobile industry. Franchise operators benefit from national publicity campaigns, but they are also subject to certain stock restrictions.

B. Le Commerce associé [associated business owners]

To guarantee a steady flow of products, merchants sometimes group themselves in voluntary networks [**les chaînes volontaires**]. This is especially true for businesses such as fabric shops, pharmacies, household appliance dealerships, and hardware stores.

Other merchants join retail associations [**les groupements de détaillants**] for the purposes of creating a pool of funds for investments, promotions, and legal costs. Examples of French retail associations are: Leclerc (supermarket), Intermarché (supermarket), La Hutte (sportswear), and Kris (opticals).

C. Le Commerce intégré [wholesale/retail operators]

The same owner operates both the wholesale and the retail aspects of the business. This is particularly evident with large department stores[**les grands magasins**] located in greater metropolitan areas. France's first large department store was called **Le Bon Marché** in Paris. Founded in 1852 by A. Boucicaut, it was immortalized by Émile Zola in his novel *Au Bonheur des Dames*. Examples of large departments stores in France are Les Galleries Lafayette and Le Printemps. These large stores engage in constant promotional activities.

In recent years, stores like Monoprix and Prisunic [**les magasins populaires**] have offered "bargain basement" prices and have successfully competed in the retail market. Since they promote primarily their low prices, these chains spend substantially less on outside promotions.

Catalog sales [**la vente à distance**] are still profitable in France, thanks to the continuing popularity of such catalogs as Les Trois Suisses and La Redoute. These outlets have now put their merchandise on line on the World Wide Web, in anticipation of changes in buying behaviors of their customers.

Activités de synthèse:

A.   [Activité en groupe] Votre agence doit organiser les activités promotionnelles pour promouvoir le fromage Dupont.   Vous devez:
- **décider dans quel supermarché vous offrirez des échantillons;**
- **décider si vous offrirez une prime;**
- **décider si vous offrirez un prix promotionnel ou un coupon.**

Écrivez un reportage sur vos activités promotionnelles.

B. [Activité en groupe] [Exercice oral] Regardez dans les journaux et les magazines et trouvez des coupons pour des produits français. Déterminez si ces coupons vont stimuler l'achat de ces produits par des clients américains. Suggérez des alternatives. Présentez vos suggestions à la classe.

CHAPITRE 7

Les Salons Professionnels

M. Dufort a demandé à Mlle Arnaud de l'accompagner à un salon professionnel alimentaire. Le salon a lieu dans le nouveau Palais des Congrès à Lyon. C'est une occasion de présenter la gamme de produits Dupont et d'introduire de nouveaux fromages.

M. Dufort lui explique l'importance des salons professionnels dans la promotion des produits alimentaires.

M. Dufort: Le salon professionnel est une manifestation qui a comme but d'exposer des produits à un grand public. Ce salon à Lyon sera un salon spécialisé parce que seulement les exposants de produits alimentaires en feront partie.

Mlle Arnaud: Et quel est le but de la participation de la Société Dupont à ce salon?

M. Dufort: Nous voulons faire essayer notre fromage par un grand nombre de consommateurs pour stimuler la vente de nos produits. En plus, nous voulons faire connaître la gamme de nos produits aux consommateurs et aux distributeurs.

Mlle Arnaud: Que doit-on faire pour se préparer à exposer dans un salon?

M. Dufort: Premièrement, on doit réserver sa place au Palais des Congrès. Il faut observer toute date limite, remplir les formulaires d'inscription, et prévoir un budget nécessaire pour munir un stand. Ensuite, il faut sélectionner les produits qu'on va exposer. Il faut aussi inviter les clients pour leur faire savoir qu'on sera au salon. On organise une campagne publicitaire spéciale pour que le consommateur puisse associer notre présence au salon.

Mlle Arnaud: Vous avez parlé de l'importance du stand. Que doit-on faire pour préparer le stand?

M. Dufort: Bien sûr, il faut avoir un thème pour nous distinguer de nos concurrents qui seront là aussi. Il faut aussi animer le stand avec des éléments audiovisuels, avec des échantillons, et avec un roulement du personnel Dupont.

Mlle Arnaud: Que doit-on faire pendant le salon?

M. Dufort: Il faut être sûr que les visiteurs au stand remplissent les fiches visiteurs pour maintenir un contact avec notre clientèle. En général, nous leur envoyons une lettre avec des coupons comme remerciement.

Mlle Arnaud: Croyez-vous que le salon professionnel offre des avantages indispensables?

M. Dufort: Oui. Le salon est une occasion importante de communiquer directement avec nos consommateurs. C'est une situation dynamique qui nous permet d'obtenir des informations à propos de leur satisfaction avec nos produits et leurs suggestions pour les améliorer.

VOCABULAIRE

LES NOMS

Masculin

un salon, *a professional fair*
un but, *a goal, objective*
un public, *an audience*
un exposant, *a demonstrator*
un stand, *a booth*
un distributeur, *a distributor*
un thème, *a theme*
un concurrent, *a competitor*
un élément, *element*
un visiteur, *visitor*
un remerciement, *a thank you*
un coupon, *a coupon*

Féminin

une gamme, *a product line*
une manifestation, *a gathering*
une vente, *a sale*
une place, *a place*
une présence, *a presence*
une clientèle, *customers, clientele*
une suggestion, *a suggestion*

LES VERBES
La Première Conjugaison

demander, *to ask*
présenter, *to present*
exposer, *to demonstrate*
sélectionner, *to select*
distinguer, *to distinguish*
améliorer, *to make better*

accompagner, *to join, accompany*
expliquer, *to explain*
observer, *to observe*
inviter, *to invite*
animer, *to enliven*
associer, *to associate*

La Deuxième Conjugaison

remplir, *to fill*
munir, *to furnish*

maintenir, *to maintain*
obtenir, *to obtain*

La Troisième Conjugaison

faire, *to make, to do*

LES EXPRESSIONS

faire partie de, *to take part in*
avoir lieu, *to take place*
un Palais des Congrès, *an exhibition hall*
un formulaire d'inscription, *an entry form*
une date limite, *a deadline*
un roulement de personnel, *a personnel rotation*
une fiche visiteur, *a visitor's card*

LA GRAMMAIRE

A. Les Expressions idiomatiques avec *faire*

The verb **faire** is used to describe activities, to ask people what they do, and in idiomatic expressions **(les expressions idiomatiques)** such as **faire connaître** (*to make known*) and **faire appel à** (*to appeal to*).

Le verbe *faire* (*to make, to do*)

je fais	nous faisons
tu fais	vous **faites**
il fait	ils **font**
elle fait	elles **font**
on fait	

The verb **faire** is used in several idiomatic expressions in French. For the sake of clarity, these have been divided into several grouping:

- **Idiomatic expressions with a business application:**

---

faire attention à, *to pay attention to*
*faire des économies, *to save money*
*faire un voyage, *to take a trip*
faire la connaissance de, *to meet (someone) [for the first time]*
*faire un séjour (à), *to spent vacation time (at)*
faire banqueroute, *to go bankrupt*
faire faillite, *to have a business failure*

* These take **de** after a negation.

- **Idiomatic expressions of weather:**

---

il fait beau, *it is beautiful*
il fait chaud, *it is hot outside*
il fait froid, *it is cold outside*
il fait mauvais, *it is nasty outside*
*il fait du vent, *it is windy*
*il fait un temps épouvantable, *it is awful outside*

*These take **de** after a negation.

- **Faire + partitive article + a sport: to play a sport**

---

faire de la gymnastque
faire du volley
faire du football
faire de la voile, *to sail*

In a negation, these expressions use **de** instead of the partitive article.

Exemple: Il **ne** fait **pas** <u>de</u> football.

PRATIQUONS!

A. Écrivez des phrases complètes avec les éléments suivants:

1.   Le distributeur/faire attention à/clients.

2.   Il est nécessaire/vous/faire des économies.

3.   Nous/ faire un voyage/la semaine prochaine.

4.   Je/faire la connaissance de/le client/le mois dernier.

5   Ils/faire un séjour à/Lyon/chaque année.

6.   Cette entreprise/faire banqueroute/l'année dernière.

7.   Vous/aller/faire faillite.

B. Le *faire causatif:* faire + infinitif

When **faire** is followed by an infinitive, the subject of the sentence <u>provokes</u> the action instead of accomplishing it himself/herself.

Exemple: Le gérant fait travailler son assistant sur ce projet.
The manager makes his assistant work on this project.

At times, it is necessary to clarify who is doing the action and to whom the action is directed. For instance, the following sentence is ambiguous.

Exemple: Il fait lire le reportage aux directeurs.

It is unclear whether the group is reading the report, or whether the report is being read to the group. In order to clarify who is the doer of the action, we use the preposition **par**.

Exemple: Il fait lire le reportage **par** les directeurs.

Unlike other infinitive constructions, object pronouns are placed before the verb **faire**, or before the auxiliary **avoir** in compound tenses like the **passé composé**.

> **Exemple:**   Il **le** fait lire par les directeurs. [Direct object]
> Il **leur** fait lire le reportage. [Indirect object]
> Il **le leur** fait lire.
> Il **le leur** a fait lire. [Passé composé]

- **Idiomatic expressions with the *faire causatif***

> faire voir, *to show*
> faire savoir, *to make known to someone*
> se faire faire, *to have something made for you*
> se faire couper les cheveux, *to have your hair cut (styled)*

PRATIQUONS!

A. Faites des phrases complètes <u>au présent</u> et <u>au passé composé</u> avec *faire* + *infinitif* en utilisant les éléments suivants.

1.   Je/envoyer/remerciement/à/visiteur.

2.   Le directeur/munir/stand.

3.   Un concurrent/observer/nouveau/produit/par/directeur de ventes.

4.   Un exposant/présenter/une gamme.

B. Remplacez les mots soulignés par des pronoms. Faites des phrases complètes.

1.   L'exposant fait voir <u>le stand</u>.

2.   Le gérant a fait savoir <u>le but</u> <u>à ses assistants</u>.

3.   Il se faire faire <u>un outil</u>.

4.   Elle fait expliquer <u>le thème</u> <u>au visiteur</u>.

C. Les Adjectifs possessifs et les pronoms possessifs

•   **Les Adjectifs possessifs**

To indicate ownership, the French use **possessive adjectives** before the noun being possessed. Like all adjectives, possessive adjectives agree with the nouns they modify in **gender** and **number**. However, possessive adjectives also agree in **person** with the **possessor**.

Les Adjectifs Possessifs			
MS	**FS**	**MP**	**FP**
Singulier:			
1ère pers. mon	ma	mes	mes
2ème pers. ton	ta	tes	tes
3ème pers. son	sa	ses	ses
MS	**FS**	**MP**	**FP**
Pluriel:			
1ère pers. notre	notre	nos	nos
2ème pers. votre	votre	vos	vos
3ème pers. leur	leur	leurs	leurs

- **Les Pronoms possessifs**

Possessive pronouns replace possessive adjectives + noun in a sentence. The mains reasons for using a possessive pronoun are to add variety to a sentence structure, and to avoid annoying repetitions of the same words.

Possessive pronouns agree in gender, number, and possessor with the possessive adjective + noun that they replace.

Note the following two peculiarities about possessive pronouns:

- they always use a **definite article** as part of their formation;
- the **first and second persons plural** use a **circumflex** to distinguish them from their adjective form.

Les Pronoms Possessifs			
MS	**FS**	**MP**	**FP**

Singulier:

	MS	**FS**	**MP**	**FP**
1ère pers.	le mien	la mienne	les miens	les miennes
2ème pers.	le tien	la tienne	les tiens	les tiennes
3ème pers.	le sien	la sienne	les siens	les siennes
	MS	**FS**	**MP**	**FP**
1ère pers.	le nôtre	la nôtre	les nôtres	les nôtres
2ème pers.	le vôtre	la vôtre	les vôtres	les vôtres
3ème pers.	le leur	la leur	les leurs	les leurs

PRATIQUONS!

A. Remplacez l'adjectif possessif + nom avec un pronom possessif. Faites une phrase complète.

1. Ton stand est au Palais des Congrès.

2. Leur thème n'est pas original.

3. Ma suggestion améliore la situation.

4. Vos offres ne stimulent pas de ventes.

5. Votre but risque de provoquer une surabondance.

6. Mon désir est de fidéliser la clientèle.

7. Ta place est à l'intérieur de la boutique.

8. Son image dévalorise le produit.

9. Notre supermarché introduit une nouvelle marque.

10. Les clients envoyent leurs preuves d'achat.

D. Le Pronom relatif *dont*

The **relative pronoun <u>dont</u>** is used to combine two sentences in which the common element in the **dependent clause** is introduced by the preposition **de**. **Dont** replaces both a person or a thing.

> **Exemple:** L'agence munit <u>un stand </u>au salon professionnel. [main]
> On a besoin **de** <u>stand</u> pour exposer nos produits. [dependent]

> L'agence munit un stand **dont** on a besoin pour exposer nos produits au salon professionnel.

Some Common Expressions Using <u>de</u>

avoir besoin de, *to need*
parler de, *to speak about*
se souvenir de, *to remember*
faire la connaissance de, *to meet someone (for the first time)*
avoir envie de, *to want to*
s'occuper de, *to take care of*

PRATIQUONS!

A. Faites une seule phrase en utilisant le pronom relatif *dont*.

1.   Chaque stand a un thème. Nous avons besoin d'un thème.

2.   Ce concurrent offre une prime. Vous parlez de ce concurrent.

3.   Le supermarché célèbre son anniversaire. Le distributeur se souvient de l'anniversaire.

4.   M. Dupont soutient certaines causes sociales. Je fais la connaissance de M. Dupont.

5.   Le congrès aura lieu à Lyon. Mme Diderot s'occupe du congrès.

POUR EN SAVOIR PLUS... Les Palais des Congrès

In recent years, municipalities and their Chambers of Commerce have led a strategic effort to finance and construct large exposition halls called **les Palais des Congrès** in order to attract trade shows and large professional conferences. Not only do these shows and conferences carry significant business opportunities, they also bring in business to these municipalities in the way of hotel occupancy, restaurant business, and retail sales. All in all, the presence of a Palais des Congrès in a city can be a very attractive business proposition.

However, as the number of sites has increased, so has the competition for trade shows and professional conferences. Besides the Palais des Congrès in Paris, cities like Toulouse, Montpellier, and Lyon now boast of a similar facility. Each city's Chamber of Commerce vies to attract large trade shows and conferences by offering incentive packages to organizers.

In addition, two organizations keep track of the the scheduled dates and locations of trade and professional shows: **la Fédération des foires et salons de France**, and **la Fédération française des salons spécialisés**. An organization or business interested in reserving a space in a convention hall can receive information about availability by contacting these organizations.

There are several service businesses in France who specialize in conventions and fairs. Through these services, a company can arrange travel for participants, registrations, booking of convention hall space, and even the custom designing of a unique booth to showcase products and services.

Trade shows and fairs present companies with outstanding opportunities to meet with clients and distributors face to face, to introduce new products to those most likely to purchase them, and to assess competitors' goods and services.

Activités de synthèse:

A. [Activité en groupe] Faites un dessin (a drawing) d'un stand pour un salon professionnel. Sélectionnez un produit et un thème.

B. [Activité en groupe] Assistez à un salon professionnel dans votre ville/votre région. Identifiez les pays et leurs produits qui y sont représentés.